中国高铁丛书

总顾问 / 傅志寰　总策划 / 郑　健　主　编 / 孙　章

高铁运营组织与管理

徐行方　蒲　琪　汤莲花　著

上海科学技术文献出版社
Shanghai Scientific and Technological Literature Press

图书在版编目（CIP）数据

高铁运营组织与管理/徐行方，蒲琪，汤莲花著. —上海：上海科学技术文献出版社，2019
（中国高铁丛书）
ISBN 978-7-5439-7807-2

Ⅰ.①高… Ⅱ.①徐…②蒲…③汤… Ⅲ.①高速铁路—铁路运输管理—介绍—中国 Ⅳ.① U238

中国版本图书馆 CIP 数据核字（2018）第 289657 号

"十三五"国家重点出版物出版规划项目
2018 年主题出版重点出版物
上海市新闻出版专项资金资助项目

选题策划：张　树
书稿统筹：张　树
责任编辑：王　珺　黄婉清
装帧设计：许　菲
手绘插图：汤思怡

高铁运营组织与管理
GAOTIE YUNYING ZUZHI YU GUANLI
徐行方　蒲　琪　汤莲花　著
出版发行：上海科学技术文献出版社
地　　址：上海市长乐路 746 号
邮政编码：200040
经　　销：全国新华书店
印　　刷：上海海红印刷有限公司
开　　本：787×1092　1/16
印　　张：15
字　　数：194 000
版　　次：2019 年 1 月第 1 版　2019 年 1 月第 1 次印刷
书　　号：ISBN 978-7-5439-7807-2
定　　价：99.00 元
http://www.sstlp.com

"中国高铁丛书"
出版工作团队

总顾问

- 傅志寰　中国工程院院士，原铁道部部长

顾　问

- 钟志华　中国工程院院士、副院长，同济大学原校长

- 奚国华　中国第一汽车集团有限公司党委副书记、董事、总经理
  中国中车集团公司原副董事长、党委副书记
  中国中车股份有限公司原总裁

- 贾世瑞　中国中车集团公司副总经理

总策划

- 郑　健　中国铁路总公司总工程师，国家铁路局原党组成员
  2015 年国家科技进步奖特等奖（京沪高速铁路工程）获得者

策　划

- 孙　章　同济大学老科学技术工作者协会会长，原上海铁道大学副校长

- 孙　星　北京铁道学会秘书长

- 兰　涛　上海铁道学会秘书长

- 金泰木　中车青岛四方机车车辆股份有限公司科技发展部副部长

- 张　树　上海科学技术文献出版社副总编辑（主持工作）

主　编

- 孙　章　同济大学老科学技术工作者协会会长，原上海铁道大学副校长

副主编

- 吴新民　原铁道部咨询调研组副巡视员，研究员

编撰团队

《走近中国高铁》

  钱桂枫 中国铁路总公司工程管理中心副主任
  蔡申夫 原铁道部工程设计鉴定中心主任
  张 骏 中国铁路上海局集团有限公司建设处副处长，高级工程师
  毛晓君 中国铁路上海局集团有限公司科学技术研究所工程师

《高铁线路工程》

  郑 健 中国铁路总公司总工程师，国家铁路局原党组成员
       2015年国家科技进步奖特等奖（京沪高速铁路工程）获得者
  王 峰 中国铁路总公司建设管理部主任
  钱桂枫 中国铁路总公司工程管理中心副主任
  许玉德 同济大学交通运输工程学院教授
  毛晓君 中国铁路上海局集团有限公司科学技术研究所工程师

《高铁车站》

  郑 健 中国铁路总公司总工程师，国家铁路局原党组成员
       2015年国家科技进步奖特等奖（京沪高速铁路工程）获得者
  贾 坚 同济大学建筑设计研究院（集团）有限公司副总裁
  魏 崴 同济大学建筑设计研究院（集团）有限公司轨道交通院总建筑师

《高速列车》

  梁建英 中车青岛四方机车车辆股份有限公司副总经理、总工程师，教授级高级工程师，2015年国家科技进步奖特等奖（京沪高速铁路工程）获得者
  杨中平 北京交通大学教授
  张济民 同济大学铁道与城市轨道交通研究院教授

《高铁牵引供电系统》

张明锐　同济大学电子与信息工程学院教授
张永健　中国铁路上海局集团有限公司供电处处长，高级工程师
王靖满　中国铁路设计集团公司项目总工程师，教授级高级工程师
吴严严　同济大学电子与信息工程学院硕士研究生

《高铁信号与控制》

陈永生　同济大学计算机系教授
罗云飞　中国铁路上海局集团有限公司总工程师室高级工程师
王先帅　中国铁路上海局集团有限公司电务处工程师
郭金信　中国铁路上海局集团有限公司电务处工程师
刘世太　中国铁路上海局集团有限公司电务处工程师
陈伟革　中国铁路上海局集团有限公司电务处处长，提待高工
吕永昌　中国铁路上海局集团有限公司电务处提待高工
姚远黎　中国铁路上海局集团有限公司电务段段长，高级工程师
胡细东　中国铁路上海局集团有限公司电务处副处长，高级工程师
吴伟东　中国铁路上海局集团有限公司电务处副处长，高级工程师
艾　武　中国铁路上海局集团有限公司电务处副处长，高级工程师

《高铁运营组织与管理》

徐行方　同济大学交通运输工程学院教授
蒲　琪　同济大学《城市轨道交通研究》杂志社社长，高级工程师
汤莲花　同济大学交通运输工程学院博士研究生

《中国高铁发展战略》

刘涟清　原上海铁路局局长，原铁道部（中国铁路总公司）中美铁路项目协调组组长
蒲　琪　同济大学《城市轨道交通研究》杂志社社长，高级工程师
孙　章　同济大学老科学技术工作者协会会长，原上海铁道大学副校长

《高铁经济》

姚诗煌　上海市科技传播学会原理事长，《文汇报》科技部原主任，高级记者

编辑顾问

叶　娟　中国中铁股份有限公司国际事业部总经理助理
　　　　中国铁道出版社版权中心原主任，国家铁路局原调研员

李中浩　中国城市轨道交通协会专家和学术委员会副主任，原铁道部电子中心主任

张跃玲　国家铁路局信息中心副主任，高级工程师

陈夏新　原京沪高速铁路股份有限公司高级工程师

范　明　中国铁道科学研究院（集团）有限公司通信信号研究所研究员

序一

傅志寰

我国已跨入了高铁时代。风驰电掣的高速列车给人们带来了快捷愉悦的全新感受,正如有诗云:"银龙出京一路奔,转瞬之间入津门。齐鲁苏皖须臾过,品茗到沪尚存温。"四通八达的高铁不仅显著改变了人们的出行方式,也对经济社会产生了深远影响。

目前我国高铁里程已超过 25 000 公里,占全球高铁总里程的三分之二,每天开行 5 000 多列高速列车,运送超过 600 万乘客,2017 年我国高铁累计发送旅客已突破 70 亿人次。这些令人炫目的"大数据"意味着无与伦比的业绩。我国高铁不但规模大,速度也快,最高时速达 350 公里,为世界之最。我国动车之平稳是有口皆碑的,网上曾流传一段视频:有乘客将一枚硬币立在高速列车的窗台上,竟 8 分钟未倒。

高铁不但改变着中国,也震撼了世界。我国已经积累了在寒带、热带、大风、沙漠、冻土等不同气候和地质条件下高速铁路建设的丰富经验,是世界上少数能够提供包括土建、高速动车组和列车控制系统等高铁全套技术的国家。

中国人喜爱高铁。但凡有机会,都愿与靓丽的高速列车合影留念,而且带着浓厚兴趣想进一步解开高铁之谜。"高铁为什么跑得那么快?""高铁为什么跑得那么稳?""高铁行驶安全如何保障?"这些问题,不但孩子要问,成年人也十分关心。近两年我在给中学生讲"高铁"科普时,每每都会有学生提出大量类似问题。

为了回答人们的问题,上海科学技术文献出版社组织一批资深专家教授,用一年半时间编写了一套内容丰富的"中国高铁丛书",全套 9 册,书名分别是:《走近中国高铁》《高铁线路工程》《高铁车站》《高速列车》《高铁牵引供电系统》《高铁信号与控制》《高铁运营组织与管理》《中国高铁发展战略》《高铁经济》。这套丛书不但描绘了高铁的全貌,展示了车站、线路、信号、供电、列车等关键设施和装备，也介绍了高铁运营服务知识以及对经济社会发挥的独特牵引作用。与此同时，还讲述了世界各国高铁发展的故事。

"实事求是、深入浅出"是检验科普图书质量的重要标志。为了做到"实事求是"，作者们查阅了海量资料，反复筛选与求证，对我国高铁技术水平、发展历程作了符合实际的阐述，也纠正了一些网络上的不实传言。为了做到"深入浅出"，作者们力图用通俗生动的语言和精美的图片，揭示高铁技术原理和设计结构。一年多来，作为初次涉猎科普读物写作的他们，花了不少时间再学习，大家深知将科学专业术语转化成大众能听懂的"大白话"是一门艺术。

我受聘担任本丛书的总顾问，深感荣幸和愉悦。究其原因，不只因为我有参与高铁论证与建设的经历，还源于心系铁路、喜爱火车的深厚情结，中国高铁的快速发展也圆了我自己多年的梦想。

在本套图书付梓之际，衷心希望凝聚作者大量心血的"中国高铁丛书"，能给读者带来所渴望的知识与阅读的喜悦。

2019年1月

序二

郑 健

高铁,作为现代工业文明的崭新成果,发端于日本,发展于欧洲,兴盛于中国。经过五十余年的发展,高铁以其安全、快捷、环保、节能等技术经济优势赢得了各国青睐。我国从20世纪90年代初开始开展高铁的前期研究,经过几代铁路人的探索实践,特别是党的十八大以来的创新发展,取得了举世瞩目的历史性成就,能亲身经历、见证参与、组织推动我国高铁建设,倍感荣幸。铁路建设者昼夜兼程、风雨无阻,逢山开路、遇水架桥,用智慧、心血和汗水励精图治、砥砺前行,实现了中国高铁从无到有、从探索到突破、从制造到创造、从追赶到领跑的崛起!如今,"复兴号"奔驰在祖国广袤的大地上,迈出了从追赶到领跑的关键一步;四通八达的高铁网络给百姓美好生活带来了新福祉,给世界高速铁路发展树立了新标杆,为党和国家赢得了新荣耀!

遥想20世纪初,为了振兴国家实业,孙中山先生在《建国方略之二:实业计划》中提出修建10万英里(16万公里)的铁路计划,指出"国家之贫富可以铁道之多寡而定之,地方之苦乐可以铁道之远近计之","铁路常为国家兴盛之先驱,人民幸福之源泉,国家统一之保障"。中华人民共和国成立后,党中央国务院高度重视铁路建设。1978年10月,邓小平同志访问日本,在从东京前往京都的新干线高铁列车上深有感触地说:"就感觉到快,有催人跑的意思,我们现在正合适坐这样的车。"(中共中央文献研究室编《邓小平年谱(1975—1997)》(上)第413页)一代伟人的这句双关语暗示着中国的发展要有像新干线那样快的速度。同年12月召开的十一届三中全会拉开了改革开放的序幕。

40年的改革开放让铁路特别是高速铁路发展迎来了难得的黄金发展机遇。从20世纪90年代广深铁路开行准高速列车到世纪之交秦沈客运专线开通运行,从2007年实现第六次大面积提速到2008年京津城际高铁通车,从2010年12月京沪高铁创造时速486.1公里试验速度到2016年7月成功实现世界首次时速420公里交会，从"四纵四横"基本建成到"八纵八横"规划蓝图绘就，几代铁路人锲而不舍、坚韧执着，从未因道路曲折而半途而废，也从未因梦想遥远而放弃追求。从孙中山先生提出《建国方略》到今天，"复兴号"高铁动车组奔驰在祖国广袤大地上的情景，就是华夏儿女不忘初心、砥砺前行的生动写照；中国高铁能够领跑世界，就是中华民族追逐梦想、谋求复兴的时代象征。高铁精神，已成为象征着中华民族伟大创新精神的一座丰碑！

从1990年《京沪高速铁路线路方案构想报告》到2004年国务院批复的《中长期铁路网规划》明确将高铁建设作为铁路发展的核心，从中国高铁发展"三步走"战略谋划到工程建造、装备制造、列车运行控制等不同领域技术创新路径的实施，中国高铁经历了艰难的战略抉择、艰苦的探索实践和艰辛的开拓创新历程。2008年8月1日，中国第一条时速300公里以上的高速铁路——京津城际高铁开通运营。波澜壮阔的高铁建设在长城内外、大河上下展开，呈现出了史诗般的巨幅画卷！

一分耕耘一分收获。经过几代铁路人卧薪尝胆，迎来了与世界第二大经济体相适应的高铁网络体系的蓬勃发展：建成了2.5万公里的高铁网络，搭建了专业一流的研发平台，在高铁线路、桥梁、隧道、客运枢纽等重大工程方面积累了丰富的实践经验，全面掌握了在各种复杂地质、地形及气候环境下修建不同速度等级高速铁路的成套技术，建造了以京沪高铁为代表的一大批世界级的标志性工程，拥有了完整的中国高铁技术标准体系，打造了中国高铁品牌，形成了规划设计、工程建造、装备制造、运维服务等方面的比较优势，总体技术水平已迈入世界先进行列，成为推动世界高铁发展的重要力量！

不断延伸的高铁网络对经济社会发展产生了深刻的影响。如何衡量高铁对经济社会发展的"溢出效应"，如何评价高铁效应在国家发展、国际交往、地缘政治中的作用，需要坚实的高铁经济理论作为支撑。2012年原铁道部设立了高铁经济重大课题，从政治经济、社会文化、生态环境等多维度探究高铁效应的理论基础，从哲学层面发现其内在规律，从理论层面研究其影响机制，旨在通过研究回答社会对高铁建设运营的普遍关切，探究未来高铁发展之路。

如今我们欣喜地看到，高铁网络极大地缩短了时空距离，让旅途不再漫长；极大地改善了出行品质，让百姓出行有了更多的幸福感；拉动了文化旅游井喷，稀缺独特的旅游资源得到充分开发；促进了铁路装备升级改造，高铁动车组等高端装备制造业快速发展，强劲带动了上下游相关产业链的全面升级；改变了经济资源配置格局，城市综合经济竞争力得到了大幅提升，区域产业经济结构得到了优化调整，区域经济一体化进程进一步加快。高铁网络创造出了比别的经济体更多的时间，承载了更为宏观的经济意义，以更高的速度赋能一切生产要素，以更高的质量和效率不断放大着"乘数效应"。作为新经济学革命的高铁经济已成为中国经济增长的新引擎，正构建着中国经济发展的新版图。中国高铁今天历史性的成就就是对中山先生、小平同志最好的告慰！

"雄关漫道真如铁，而今迈步从头越"。党的十九大确立了习近平新时代中国特色社会主义思想，作出了建设交通强国的重大决策部署。在不到半年的时间里，习总书记两次"点赞""复兴号"，这既充分体现了党中央对高铁发展成果的充分肯定，更指明了中国高铁的前进方向。中国高铁将始终坚持以人民为中心，进一步构建更安全、更高效、更智能、更绿色、覆盖率更高的高铁网络，持续创新引领世界铁路发展，让全国各族人民共享铁路发展改革的成果，满足人民在新时代的需求，让人民从高铁发展中有更多的获得感、幸福感、安全感！

高铁发展需要全社会的关心和爱护。这套"中国高铁丛书"对讲好中国高铁故事、传承勇往直前的高铁精神，汇聚高铁发展共识、凝聚高铁发展正能量，弘扬新时代主题、追逐民族复兴梦想必将产生积极的作用。热切希望这套图书能与广大读者尽快见面，更真诚期望能有更多的专家、学者关注中国高铁，走近中国高铁，宣传中国高铁，支持中国高铁，关爱中国高铁，以促进中国高铁的健康可持续发展！

2019 年 1 月

前言

经过几代人坚持不懈的努力，中国铁路已经从"绿皮火车"走到了"高铁动车"，从"运输生产型"走向了"市场导向型"。中国高铁从无到有、从弱到强，又从国内走向了海外，取得了举世瞩目的发展成就，让国人为之骄傲，让世人为之惊叹！现如今，高铁网络让千里之外的城市变得"近在咫尺"，"公交化"的列车运营模式让人们"说走就走"的梦想变成了现实。方便快捷的购票过程、高速舒适的乘车体验，一趟趟飞驰的高速列车驶入百姓的日常生活，不仅改变了人们的出行方式，颠覆了人们原有的时空观念，为旅客出行提供了多样化的客运产品，大大提升了旅行品质，也彻底改变了人们的生活。亲情、爱情、就业、旅游、消费等生活的方方面面，皆因四通八达的高速铁路而变得精彩纷呈。

从"马车时代"到"汽车时代"，再到陆地飞行的"高铁时代"，在完成从行业的"追赶者"到"领跑者"的华丽转身中，中国高铁在运营组织与管理方面，同样进行了大量的创新和突破，逐步实现了运营管理不断强化、调度指挥不断成熟、资源配置不断优化、运营安全不断提升，完成了从"运输生产为中心、运输能力是关键"向"旅客为中心、市场为导向、服务为宗旨"的理念和行动转变。

那么，中国高铁是如何进行运输组织与经营管理的？就让我们一起走进中国高铁运营组织与管理的台前幕后。

"复兴号"动车组列车

目 录

序 一
序 二
前 言

第一章 高铁运营组织与管理概貌……1

一、中国高铁屹立世界…3
1. 从"四纵四横"到"八纵八横"…3
2. 中国铁路部分运营指标位居世界第一…5
3. 中国高铁的影响遍及四大洲…6

二、高铁运营组织与管理内涵…7
1. 高铁运营组织服务流程…7
2. 高铁运营组织与管理内容…9
3. 高铁运营组织与管理系统…11

三、国内外高铁运营组织模式…17
1. 纯高速模式…18
2. 混运模式…20
3. 中国高铁运营组织模式…22

第二章 高铁运输产品设计……29

一、客运产品的含义及其特点…31
1. 如何理解客运产品…31
2. 高铁客运产品的特点…33

二、客运产品的历史变迁…35
1. 购票：从彻夜排队到手机轻轻一点…35
2. 候车：从拥挤不堪到温馨舒适…37
3. 乘车：从"绿皮车"到动车组…38
4. 餐饮：从内部售货车到"外卖"进高铁…39

三、高铁运输产品设计方法…41
1. 客运产品设计策略…42
2. 客运产品设计思路…43
3. 客运产品设计流程…45

四、设计案例：联运产品设计…49
1. 路内接续…49
2. 空铁联运…49
3. 港铁联运…51
4. 地铁联运…52

第三章　高速铁路客票销售 59

一、高速铁路如何组织售票 ...61
    1．高速铁路售票系统的构成 ...62
    2．高铁的多种售票方式 ...62
    3．不买票、不取票也能快速乘车 ...66

二、高速铁路如何管理票额 ...68
    1．票额共用 ...69
    2．席位复用 ...70

三、高速铁路如何管理客票收益 ...70
    1．调整供求平衡 ...70
    2．收益最大化 ...71

四、常旅客会员积分与服务 ...72
    1．常旅客会员相关概念 ...72
    2．会员账户及功能 ...72

第四章　高铁列车运行图编制 77

一、何为列车运行图及为何编制列车运行图 ...79

二、列车运行图中包含的要素 ...80
    1．区间运行时分 ...80
    2．列车在中间站停留时间 ...81
    3．车站间隔时间 ...82
    4．运营时间与综合维修天窗 ...82

三、列车运行图的几种类型 ...83
    1．按使用范围划分 ...83
    2．按区间正线数划分 ...84
    3．按上下行方向列车数划分 ...84
    4．按同向列车运行方式划分 ...84
    5．按列车运行速度划分 ...85

四、如何看懂列车运行图 ...86

五、如何编制列车运行图 ...87
    1．高铁列车运行图编制特点 ...87
    2．高铁列车运行图编制原则与步骤 ...89
    3．高铁列车运行图铺画方法 ...90

目录

第五章　高铁列车运行与调度指挥 97

一、高铁列车运行控制系统...99
　　1. 列控系统的基本原理...99
　　2. 中国高铁列车运行控制系统（CTCS）...100

二、高铁调度指挥系统及计划编制...101
　　1. 高铁调度指挥系统...101
　　2. 高铁调度日计划...103
　　3. 列车运行调整计划...104

三、列车调度集中系统及其作业...105
　　1. 监控子系统...107
　　2. 运行图子系统...110
　　3. 站场图控制子系统...113
　　4. 调度命令子系统...115

第六章　高铁运营安全风险管理 123

一、国内典型案例分析与反思...125
　　1. 国内典型案例...125
　　2. 国外典型案例...130

二、高铁客运组织风险...134
　　1. 高铁拥挤踩踏风险管理...134
　　2. 高铁火灾爆炸风险管理...137
　　3. 高铁旅客伤害风险管理...141

三、行车组织风险...142
　　1. 运行图基础数据维护不及时或错误风险...142
　　2. 列车运行图调整培训不到位风险...143
　　3. 客运日班计划编制错误风险...143
　　4. 列车运行调整计划下达和执行风险...144

四、高铁动车组设备风险...145
　　1. 动车组火灾报警风险...145
　　2. 动车组撞击异物或遭击打风险...146
　　3. 人为操作造成动车组故障风险...147

五、高铁供电系统安全风险 ...148
    1．供电系统遭受自然灾害的风险管理 ...148
    2．供电系统设备运行风险 ...152

六、高铁通信信号设备风险 ...155
    1．列控系统主要风险 ...155
    2．调度集中系统主要风险 ...158

第七章　高铁运营安全保障 165

一、高铁源头质量保障机制 ...167
    1．高铁技术标准保障 ...167
    2．工程建设和设备质量保障 ...167
    3．高铁安全防护保障 ...167
    4．联调联试及运行试验保障 ...167
    5．安全评估保障 ...168

二、高铁运营管理安全保障机制 ...168
    1．完善的规章体系 ...168
    2．严格的人员管理体系 ...169
    3．全面的设备养护、检修及日常巡视体系 ...171
    4．先进的监测设备 ...177

三、高铁调度指挥应急处置 ...181
    1．高铁突发事件应急领导小组 ...181
    2．高铁突发事件处置流程 ...181
    3．高铁突发事件处置案例 ...182

第八章　高铁旅客运输 189

一、高铁旅客运输组织 ...191
    1．高铁站务组织 ...191
    2．高速列车乘务组织 ...197

二、高铁旅客运输服务 ...202
    1．高铁车站客运服务 ...202
    2．高速列车客运服务 ...207
    3．12306 客运服务 ...210

参考文献 216

后　记 217

第一章

高铁运营组织与管理概貌

一、中国高铁屹立世界

二、高铁运营组织与管理内涵

三、国内外高铁运营组织模式

在 960万平方公里广袤的中国大地上，从绿意盎然的南疆到白雪皑皑的北国，再从东海之滨到西域边陲，一条条铁路线路纵横交错、相互连接，跨越了祖国的山山水水。"四纵四横"的高速铁路网络已经建成，"八纵八横"的高铁网络正在加快建设。到2017年，高速铁路达到了2.5万公里，在高速铁路线网上，每天开行5 200多列动车，发送600多万人，高铁旅客发送量占铁路总发送量的比重超过了50%，旅客周转量占铁路总周转量的比重接近40%，动车组列车至今累计发送旅客突破70亿人次。在这些数字的背后，不仅需要确保高速列车的安全畅通和正点运行，而且需要既确保运输效率，又保证服务质量。可想而知，组织这些庞大而复杂的运输是一件"了不起"的事情，离不开高效、精细的运营组织与管理。

面对高铁时代旅客运输的新形势、新特点，高速铁路需要在提升运营品质、提高服务质量、确保运行安全等方面加强运营组织与管理。下面就让我们一起从内容和系统上，认识高速铁路运营组织与管理的内涵及模式，细数高铁客运产品的历史变迁。

一、中国高铁屹立世界

1. 从"四纵四横"到"八纵八横"

2017年12月28日,石家庄至济南高速铁路(石济高铁/石济客专)正式开通运营,这标志着我国"四纵四横"高速铁路网中的"四横"完美收官。至此,中国高铁里程已经超过2.5万公里,大大超越了规划的目标。

中国铁路建成了针对不同气候、不同地形的高速铁路:既有承受-40 ℃高寒的哈大高铁(图1.1),也有处于台风频发环境的海南环岛高铁(图1.2);既有穿越"大风区"和戈壁沙漠的兰新高铁(图1.3),也有隧道长度超过总长度一半、有"超级高速地铁"之称的贵广高铁(图1.4)。这些覆盖各种气候和地质条件的高铁,不仅凸显了中国高铁的建设能力,也体现了中国高铁网络化运营与管理的领先水平。

2016年,国家发展和改革委员会、交通运输部、中国铁路总公司联合发布了《中长期铁路网规划》(2016—2030),

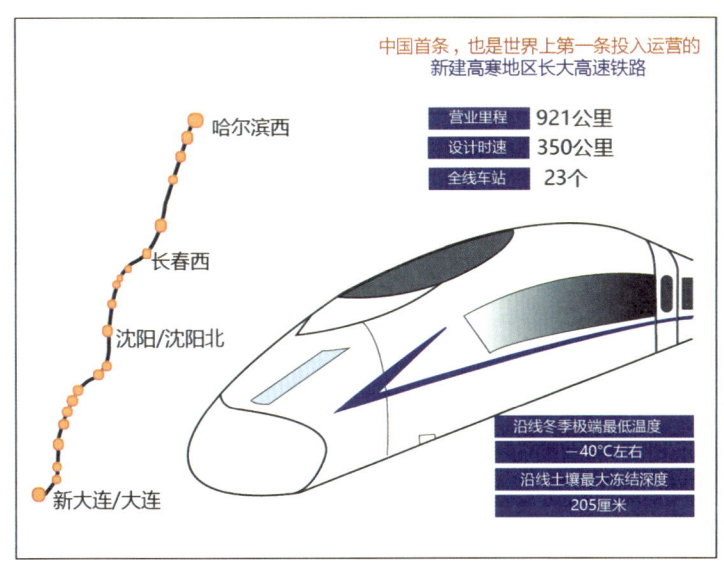

图1.1 经过-40 ℃高寒地带的哈大高铁

 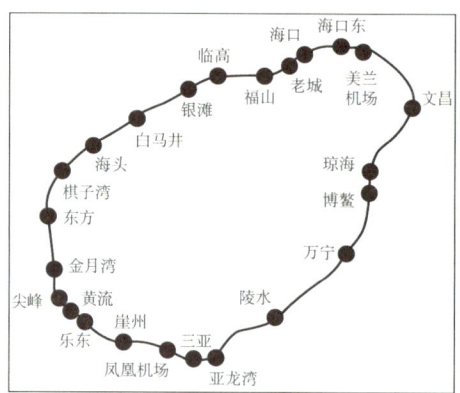

图 1.2　地处台风频发环境的海南环岛高铁

 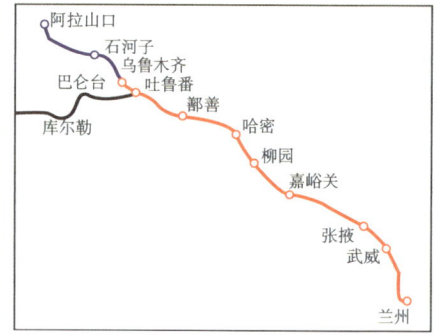

图 1.3　经过"大风区"和戈壁沙漠的兰新高铁

 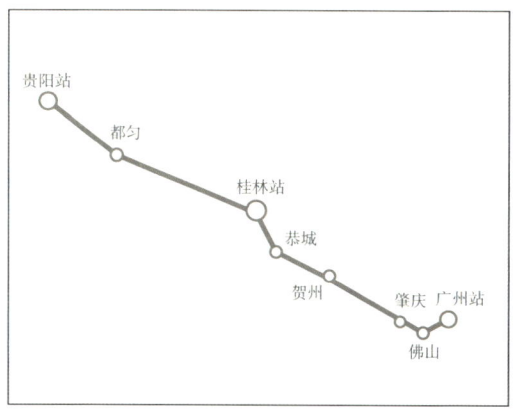

图 1.4　有"超级高速地铁"之称的贵广高铁

"规划"中明确：到 2025 年，中国高速铁路通车里程将达到 3.8 万公里，并形成"八纵八横"的高铁网。

与原有的四条纵线相比，八条纵向高铁的变化在于沿海大通道，向北由原来的上海延伸到辽宁丹东，向南由原来的深圳延伸到广西的防城港；京哈、京港澳通道南北打通；京沪通道在已有京沪高铁的基础上新增一条由京津城际延长经东营、潍坊、临沂、淮安、扬州、南通到上海的通道。

除了在原有基础上的变化，还增加了多条新规划线路。八条横线中新增的四条由北往南依次是：绥芬河经牡丹江、哈尔滨、齐齐哈尔、海拉尔到满洲里的绥满通道；北京经呼和浩特、银川到兰州的京兰通道；厦门经龙岩、赣州、长沙、张家界到重庆的厦渝通道；广州经南宁到昆明的广昆通道。

"八纵八横"的覆盖范围更广，全国铁路网将连接起 20 万人口以上的城市，高速铁路网基本连接起省会城市和其他 50 万人口以上的大中城市，实现相邻大中城市之间 1～4 小时交通圈，更重要的是"八纵八横"铁路网将改变我国城市力量格局。

2．中国铁路部分运营指标位居世界第一

截至 2017 年底，我国铁路营业里程达到 12.7 万公里（中西部和东三省 9.7 万公里），其中高铁 2.5 万公里，相比 2016 年底均增加 3 000 多公里，占世界高铁总量的 2/3，列车运营最高速度达 350 公里/小时，高铁的这两项指标都居世界首位。此外，中国铁路电气化率、复线率分别居世界第一和第二位。铁路技术装备实现升级换代，动车组上线运营达 2 522 组，较 2013 年增长 149%，电力机车占比达到 62%，载重 70 吨及以上货车占比达到 50%，重型钢轨、无缝线路里程大幅延长，调度集中系统广泛运用。得到一大批具有自主知识产权的技术创新成果，高速铁路、既有线提速、高原铁路、高寒铁路、重载铁路等技术均达到世界先进水平。

截至 2017 年底，国家铁路完成旅客发送量 30.38 亿人，比上年增长 9.6%，其中动车组发送 17.13 亿人，同比增长

18.7%，占比 56.4%；旅客周转量完成 13 396.96 亿人公里，比上年增长 6.9%；货运总发送量完成 29.19 亿吨，比上年增长 10.1%，总换算周转量完成 37 488.66 亿吨公里，比上年增长 10.9%；运输密度达 2 951.9 万吨公里/公里。其中，铁路旅客周转量、货运发送量、换算周转量、运输密度等主要运输经济指标稳居世界第一！

此外，运输服务信息化水平大幅提升，互联网售票比例达到 70%，人们彻夜排队购买火车票的情景已成为历史。特别是高铁的快速发展，不仅显著改善了人们的出行条件，大大增强了人民群众的获得感，而且带动了沿线经济增长和相关产业结构优化升级，推动了区域、城乡协调发展和生态文明建设，产生了巨大的溢出效应。

高铁已经成为一张亮丽的国家名片，大大增强了中华民族的自豪感。

3. 中国高铁的影响遍及四大洲

2017 年 6 月 25 日，是中国高铁史上一个重要的日子，具有完全自主知识产权的两列中国标准动车组，被正式命名为"复兴号"标准动车组。从外观到内饰，再到软件，大到车体、转向架，小到网络覆盖，无一不出自中国之手。中国动车组列车博采众长、融合各种基因，青出于蓝而胜于蓝，形成了具有自主知识产权的中国标准动车组。

高铁除了在大陆境内迅速发展，在国际上也备受关注。最近，来自"一带一路"沿线的二十国青年，评选出了他们心中的中国"新四大发明"。中国高铁位居榜首，成了外国青年最想带回家的"中国特产"。

目前，中国高铁正在"走出去"。印尼雅加达—万隆高铁、俄罗斯莫斯科—喀山高铁等境外项目合作都已取得突破性进展。中国强大的设计团队、过硬的技术标准以及性价比最高的铁路产品，日益被各国青睐。

2017 年 5 月 31 日，全长 472 公里的蒙巴萨—内罗毕铁路

（简称"蒙内铁路"）举行了通车交付仪式。这是肯尼亚独立百年来建设的最长铁路，也是海外首条全部采用中国标准、中国技术、中国装备建造的现代化铁路。据公开报道，由于中国铁路安全、舒适、票价便宜，蒙内铁路运营仅一周，就售出近1.4万张车票，约1.2万民众体验了"中国速度"。

2016年11月，国家重点研发计划"先进轨道交通重点专项"——时速400公里及以上高速客运装备关键技术项目正式启动，该项目将以服务"一带一路"为目标，推动中国高铁走出去的进程。

二、高铁运营组织与管理内涵

1. 高铁运营组织服务流程

众所周知，一名旅客完成一次高铁出行，需要经历信息查询与购票取票、实名制验证与安全检查、进站候车与检票上车、途中乘车与服务体验、中转换乘与下车出站等多个环节。旅客的上述出行流程也就是其出行需求，因此，在不同的流程环节，高速铁路必须提供满足不同旅客及其不同需求的多样化产品和服务。

在信息查询时，应具有种类丰富、时间广泛、车次密集的多样性列车供旅客选择。其中，所提供的产品菜单——列车时刻表，不是铁路管理部门"拍脑袋"拍出来的，而是经过深入的市场调查、科学的客流预测、缜密的方案设计、专业的运行图编制等多个步骤与方法，结合高速铁路的运力资源、作业标准等优化、设计出来的。

在购票取票环节，需根据旅客购票习惯、时刻表变动周期、售票方式及其占比等因素，系统组织售票工作，包括预售时间的设置、售取票设施的配置、售票窗口的设置与分工等。

实名制验证与安全检查已成为铁路旅客出行环节中在站作业的必要流程之一，铁路依据国家相关法律法规和有关条例规定，科学制订实名制验证与安全检查相关规定与制度，并提前

做好宣传与公告工作。同时，合理配置验证设备，采取科学的验证方式，以提高作业效率、尽量缩短旅客进站时间。

在其他服务环节，要做好站务和车务作业组织（简称"站车组织"）以及客运服务，实现旅行流程中的购票与取票、进站与安检、候车与检票、休息与餐饮等作业流程的全程一条龙高质量服务。

在列车运行途中，通过编制科学的行车组织计划，确保列车按图行车，使得各部门、各工种步调一致，保障列车运行的安全与正点。当因天气环境、设备故障、人员配合等因素造成列车运行晚点时，必须通过行车调度指挥及时采取运行调整和其他应急措施来维护列车运行的正常秩序。

上述旅客出行流程及与之对应的运营组织与管理流程如图1.5所示。

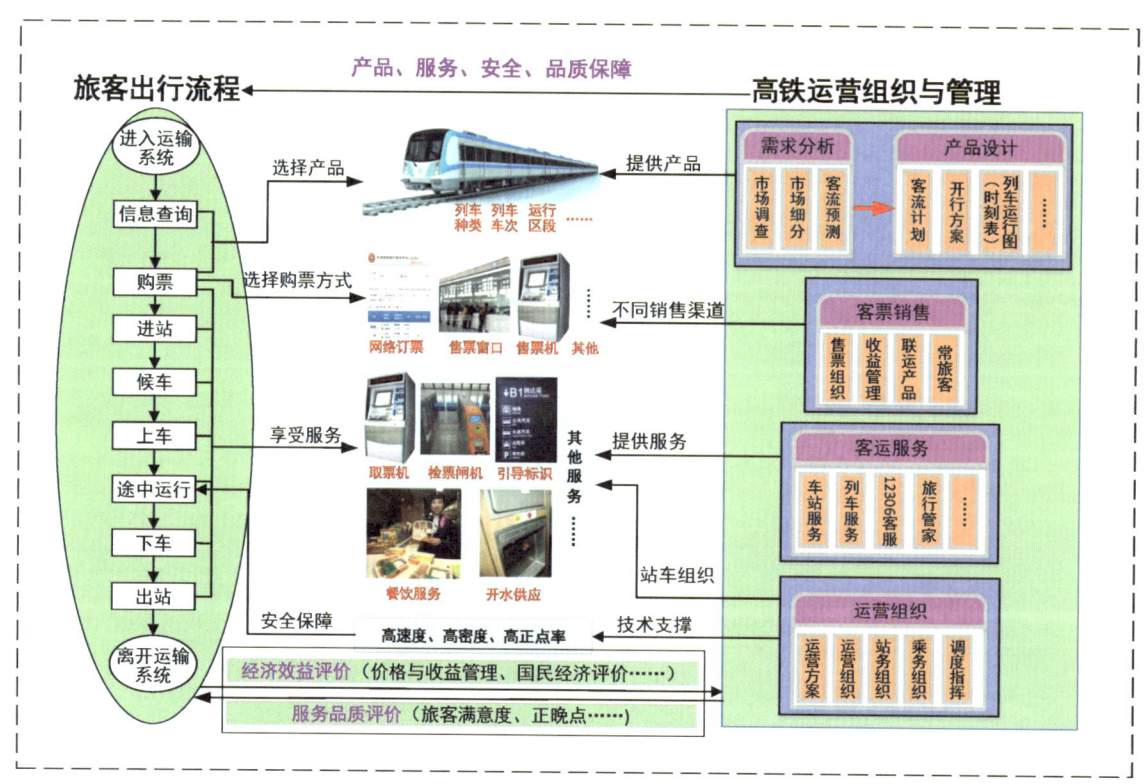

图 1.5 "旅客出行流程"与"高铁运营组织与管理"的对应关系

高速铁路的特点是高速度、高密度、高正点率、高可靠性、高服务质量及高社会效益等。因此，为实现这些"高"目标，践行"人民铁路为人民"的根本宗旨，高速铁路需要从以下四方面加强运营组织与服务：

① 以市场为导向，以旅客为中心。需要深入研究市场，了解旅客需求，形成多样化、差异化的客运产品，以满足不同层次旅客的出行需求。

② 集约化经营、品质化服务、常态化组织。需要构建高度集成、信息流畅、指挥有力、应对有序、面向市场的营销系统，从源头把握客运市场的规律，全面提升客运组织与客运服务的质量。

③ 保证设备运用的高效化、精细化，运输计划的科学化、合理化。为确保运输过程管理和控制的规律性、节奏性，需要保证设备运用的高效性、运输计划的最优化。

④ 实现机制、决策、运作、评估之间的高度协调统一。为充分发挥运营组织管理的高水平和高效益，需要实现各环节之间高度的系统协调。

由此可见，旅客出行不是简单的空间"位移"，固此需要更加关注他们出行全程的高质量体验。为了充分发挥自身优势，高速铁路需要及时根据市场变化，"想旅客之所想，急旅客之所急，助旅客之所需"，不断从细节出发，调整客运产品，满足人们日益增长的出行需求，保障服务品质，提高服务质量，管好、用好高速铁路运力资源。要做到这些，都离不开高速铁路的运营组织与管理工作。

2. 高铁运营组织与管理内容

由图 1.5 可知，高速铁路在保证高度安全与可靠的基础上，构建了集"产品设计、客运服务、运营组织、运营评价"于一体的高度协调统一的运营组织与管理系统，树立了以旅客、市场为核心的服务理念，提升了高铁服务的品质和实力。高速铁路运营组织与管理的内容，主要有产品设计、客票销

售、客运服务、运输组织及运营评价这五方面。

(1) 产品设计

通过大量的客流调查、严谨的数据分析以及科学的运量预测，得出相应的分时段、分方向的客流计划。在此基础上，遵循"按流开车"的基本原则，确定旅客列车开行方案，包括列车运行区段、列车种类及开行对数，并根据列车开行方案编制列车运行图，包括列车"到发通停"时刻、列车停站方案、动车组交路计划、综合维修天窗等，尽可能优化列车运行方案，以缩短长短途旅客在途时间、减少途中换乘次数，确保列车运行计划与客流计划相匹配，并预留一定的储备能力使运行图具有一定的弹性，以适应市场变化与列车运行调整。同时，通过列车运行交路的长短结合，经济合理地使用动车组车底，并合理利用高速铁路的车站通过能力和线路通过能力（简称"点线通过能力"），以充分发挥并均衡使用运输设备的效能。

(2) 客票销售

根据高速铁路的客流特点，为了灵活地适应复杂的客流波动，通过售票组织、收益管理等方式，对发售的票额进行合理配置和有效组织，按照"平稳有序"的基本思路，使有限的客票在合适的时间、以合适的方式销售给合适的旅客。同时，针对有空铁、港铁联运需求的旅客，或经常乘坐高铁出行的旅客（称为"常旅客"），在售票时有针对性地提供联运服务、常旅客服务，在票额利用最大化的同时，实现高速铁路客运市场的最大化。

(3) 客运服务

从旅客角度出发，树立"以人为本"的基本理念，以安全、快速、方便、准确、经济、舒适的全方位服务，满足不同层次的旅客需求，保证各个子环节的有序顺畅，实现"安全出行、方便出行、温馨出行"。同时，结合空铁联运、港铁联运及"一站式"服务，不断探索高速铁路客运服务新模式。

（4）运输组织

"安全高效"是铁路运输的基本方针，安全是铁路运输的头等大事，在高速时代大背景下，安全的重要性更为突出。高铁的站车服务、作业组织，都是为了保障旅客出行全过程中的安全高效、畅然有序，使旅客"走得安全、走得顺畅、走得舒心"；行车组织对于维护列车运行的正常秩序、保证旅客安全、及时地到达目的地，起到了关键的作用；同时，由于天气、设备等原因造成列车晚点时，有完善的运行调整方案与应急处置机制，从而保证列车运行秩序的快速恢复。

（5）运营评价

可以从旅客、企业、社会等多个层面，对高速铁路客运服务品质和经济社会效益进行全面评价，从评价结果分析出需要不断改善的客运过程的弱项与短板，形成产品与市场相互反馈的动态平衡机制，从而提高旅客满意度、列车客座率以及经济社会效益。

因此，高铁运营组织与管理就是针对"高铁时代"旅客出行和客运组织的新形势、新特点，围绕提升高铁运营品质的目标，以市场为核心，以大数据为手段，集成客运产品设计与优化、运输组织指挥与协调、客运服务与管理、客票销售与收益管理、运营评价与改进等内容，为客运服务、运输组织、经营管理等各环节的精确、精准、精细管理以及科学决策，提供理论依据和技术支撑。

3．高铁运营组织与管理系统

与普通铁路或者其他国家高速铁路相比，我国高速铁路的运营组织更为复杂，其主要特点表现在：

① 纵横交错的网络化运营。到2017年，中国高铁运营里程超过2.5万公里，占全球高铁运营里程的65%以上，已经形成了由区域干线网、城际铁路网两网合成、相互融合的高速铁路网络。区域干线网有如武广、京沪、京哈、徐兰、贵广、西成等长大通道的干线高铁，城际铁路网有如长三角地区的沪

宁、沪杭、杭宁等城际高铁。

② 不同速度等级列车并存。路网中既有时速 350 公里、世界上技术标准最高的高铁线路，也有时速 250 公里的客专线路，还有提速后达到时速 200 公里的既有线路，以及构造、速度不同的各类型号的高速动车组列车。这些速度不等的列车在网络上跨线运行，形成网络上"你中有我、我中有你"的格局。速度等级的不同、运输组织和调度指挥方式的差异，给列车运行、调度指挥增加了难度，需要统筹高铁的骨干网、城际网以及提速线路的运输组织，才能实现运输组织方案效能最大化。

③ 列车运行组织方式多样。高速铁路与既有铁路相互交织，关联程度高，部分线路列车可以跨线运行，高速线动车组列车可以下到既有线运行（简称"下线运行"），既有线动车组列车也可以上高速线运行（简称"上线运行"）。而跨线运行又可以分全程跨线运行和一端跨线运行等多种组合方式。

因此，建立一套符合中国高速铁路特点的稳定、高效的运营组织与管理系统，才能保证良好的运输秩序和运营效果。高铁运营组织与管理系统主要包含了高铁客运服务系统和高铁运营调度指挥系统两大部分。

（1）高铁客运服务系统

高速铁路更应体现为旅客服务的理念，全方位运用高科技为旅客提供全程客运服务。从营销策略到售票取票，从车站信息引导到快速疏散以及有困难时的及时救助，从乘车前的自动检票到上车后的人性化服务，处处展现了高速铁路在客运服务方面设施、设备的升级换代以及铁路人的用心与付出。

高铁客运服务系统是在现代管理思想、服务理念和信息技术基础上建立的信息高度共享、资源高效利用、运行安全可靠的综合完整的服务系统，由票务系统、旅客服务系统、呼叫中心系统、互联网服务系统构成，如图 1.6 所示。

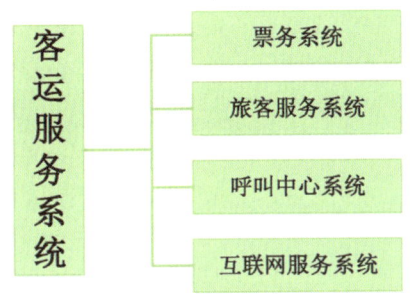

图 1.6 我国高速铁路客运服务系统构成图

① 票务系统

票务系统是以席位管理和交易处理为核心，建立广泛的销售渠道，适应多种售票方式、多种支付方式，依靠灵活的营销策略（包括铁路客票发售和预订功能），且包含了自助式销售和自动检票的实时交易系统。

② 旅客服务系统

旅客服务系统以提供全方位信息服务为目标，实现车站信息自动广播、导向揭示、信息服务、监控等功能。同时，提供互联网、呼叫中心、无线局域通信等多种途径的信息服务，运用多样化的服务手段为旅客提供优质的服务，实现旅客服务的信息化。

旅客服务系统的设置旨在体现以人为本的理念，在旅客出行前、进站、候车、乘车、换乘、出站等各环节上，提供全方位的信息服务，通过引导、揭示、广播、监控、查询、求助、应急、投诉、寄存、特殊旅客服务及延伸服务等多种服务手段，形成统一的服务平台。该系统主要包含导向揭示系统、公共广播系统、监视系统、信息服务系统、时钟系统、投诉系统、求助系统和延伸服务系统等。

③ 呼叫中心系统

呼叫中心系统以电话接入等方式，为旅客旅行提供各环节与全方位的查询、咨询、订票、投诉、建议等服务，成为客户与铁路之间沟通的重要渠道。

铁路也可通过该呼叫中心开展宣传、信息发布、市场调查等业务，该系统可以为高铁票务系统、旅客服务系统等系统提供对外统一的服务途径。

④ 互联网服务系统

互联网服务系统以满足旅客需求为出发点，在高度信息安全保障的基础上，建立客户与铁路之间的沟通和互动渠道。以互联网接入方式，在旅行各环节为旅客提供全方位的查询、咨询、订票、投诉等服务。该系统的主要功能包括电子商务、信息/应用、旅行计划制订、娱乐、延伸服务、业务宣传、个性化功能、多通道访问、服务功能、系统管理等。

铁路通过互联网开展宣传、信息发布、市场调查等业务。同样，该系统也可以为高速铁路票务系统、旅客服务系统等系统提供对外统一的服务途径。

（2）高铁运营调度系统

高铁运营调度系统如图 1.7 所示，该系统主要解决两大问题，即高速铁路是如何运营与如何调度的。运营问题主要通过编制高质量的运输计划予以解决，调度指挥主要通过运营调度系统的各功能子系统的相互配合来实现。

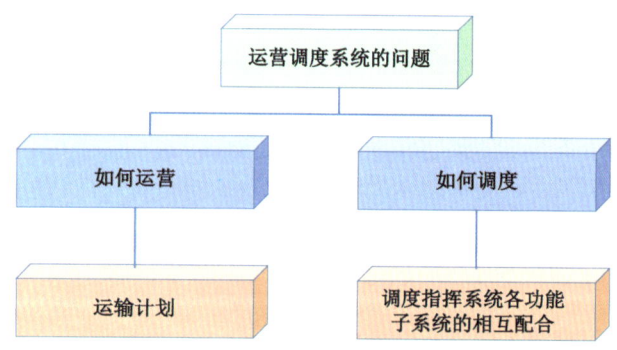

图 1.7　运营调度系统须解决的两类问题

我国高铁运营调度系统主要由运输计划、运行管理、车辆管理、供电管理、客运服务、综合维修等部分组成，如图 1.8

图 1.8　我国高速铁路运营调度系统构成

所示，各系统功能如下：

① 运输计划子系统

铁路总公司和各高铁调度所运输计划编制部门采用统一的计划编制系统，能随时按业务需求的调整进行权限控制和功能切换。计划编制系统根据计划编制规则要求，提供计算机辅助计划编制方式，具备牵引计算、合理性检查以及模拟仿真等功能。

② 运行管理子系统

运行管理子系统具备实施计划接收、人工和自动列车运行计划调整、列车运行监视、列车运行调整计划下达、人工和自动进路控制、实绩运行图描绘、调度命令传送、列车跟踪以及车次号校核等功能。在异常情况下，铁路总调度指挥中心能接管铁路集团公司调度所指挥权。

③ 车辆管理子系统

该系统具备接收列车运行计划、动车组交路计划以及列车运行调整计划的功能，可实时显示动车组的运行位置、运用情况以及动车组状态。

根据列车运行调整计划、车载诊断信息等，制订动车组交路计划和车辆分配调整计划并发送至有关单位。

查询动车组的修程、修制以及与动车组运用相关资料的功能，接收动车检修部门的动车组有关信息，并在动车组发生故障时，提供紧急处置预案。

④ 供电管理子系统

供电管理子系统具备如下功能：

接收列车运行计划、供电计划、综合维修计划、列车运行调整计划以及列车运行状态的功能。

实时监视牵引供电系统运行状态、系统设备带电状态的功能，将重要信息发往相关系统；实时监视牵引供电设备技术状态和故障信息分类归档的功能，将重要信息发往相关系统。

可靠完善的遥控功能，包括单控、程控两种方式，程控内容可由用户根据系统控制需要编制，遥控功能具有严格的防误操作闭锁措施。

事故记录功能，并可实现历史数据回放；调度事务管理功能；容错、自诊断、自恢复功能，并能支持远程维护。

实现对无人值班场所的视频监控；供电设备发生故障时，能提供紧急处置预案。

⑤ 客运服务子系统

客运服务子系统具备如下功能：

接收列车运行计划、动车组交路计划以及列车运行调整计划，自动生成相关的旅客服务信息，并发送到车站、列车及有关单位。

集中管理旅客服务有关的各类信息，实时掌握列车运行实际和预测信息，并实时监督管辖范围内高速列车编组、上座率、各站中转旅客人数、动车组周转、中转列车接续及列车乘务组等信息。

通过监督晚点列车，制订其运行调整建议方案。

查询与旅客服务相关的数据功能，生成相关数据统计和信息汇总。

当发生突发事件时，能提出紧急处理预案、旅客运输方案，提出列车运行调整方案建议，同时对大型车站关键场所进行视频监控。

⑥ 综合维修子系统

综合维修子系统具备综合维修管理、防灾安全监控及综合设备管理这三大功能。

综合维修管理通过建立基础设备履历，提供维修资源分布情况，对维修作业计划进行汇总和协调，接收列车运行计划、综合维修计划和列车运行调整计划。对维修作业过程进行管理，确认维修作业开始和结束状态，下达维修作业开始和结束命令，向列车调度中心发送维修作业结束确认信息。

防灾安全监控对管辖范围内的基础设施、自然灾害进行实时监测，或从其他相关系统或部门得到报警信息，对各种监测信息进行汇总、分析、处理，判定设备安全隐患、灾害及故障的类型、性质和级别，对各种不同级别的报警、预警信息提出处理建议，并能发送至相关系统和部门。

综合设备管理监视设备的工作状态；接受对线路、桥梁、隧道及通信、信号、信息等设备的监测数据，监视其工作状态；可查询管辖范围内所有设施和设备的技术资料，并将报警信息传送给相关系统或部门。

高铁运营组织与管理系统体现了铁路运用高科技优化运营组织、提升服务质量、加强科学管理的用心与努力。

三、国内外高铁运营组织模式

为了让高速铁路更加高效地发挥作用，需要在较宏观的层面确定其运营组织模式，这是制订高铁运营组织方案的基础和前提，它决定着高速铁路上运行列车的性质和特点。因此，高铁运营组织模式，是在一定的运营管理体制、社会经济和科技

发展水平、路网功能结构条件下，高速铁路所开行列车的组织形式和方法。

由于高速铁路的速度等级（速度目标值）、列车种类（是否运行中速列车甚至货物列车）、在路网中的功能地位等各不相同，因而不同类型高速铁路的运营组织模式也不同，根据我国铁路运输组织的特点，选择高速铁路运营组织模式的原则为：

① 线路合理分工。为充分发挥高速铁路通过能力，尽量多开行高速列车并引导旅客选择高速列车，从而减少既有线旅客列车开行数量，以释放既有线货运能力，最终实现两线的客货分线运行。

② 以旅客为中心。尽可能满足旅客出行需求，以人为本，尽量组织列车的直达运行，减少途中换乘，方便、快捷、安全地组织旅客运输。

③ 提高运营效益。创造优质的运行条件，使高速线尽可能最大限度地吸引客流，以降低运输成本，保证高速铁路良好的社会效益和经济效益。

1. 纯高速模式

纯高速模式是指高速铁路上全部开行高速列车的运输组织模式。目前，日本、法国、西班牙以及我国大部分高速铁路均采用纯高速模式，线路上的列车技术速度基本相同（考虑到高速列车不同时期型号的差别），区间列车纯运行时分（不含起停车附加时分）也基本相同。需要指出的是，由于不同列车运行方式（列车停站次数及其停站时分）不同，其旅行速度和旅行时间有所不同。纯高速模式可分为以下两大类：

（1）按列车是否跨线运行分

① 换乘模式。高速铁路上仅开行本线高速列车，不运行跨线列车，跨线客流需要在衔接站换乘，故称为"换乘模式"。

② 下线模式。高速铁路上除了开行本线高速列车外，还

运行部分跨线高速列车,部分列车可下高速线运行到既有线上,故也称之为"跨线模式"。

(2)按列车最高运行速度分

① 单速度模式。高速铁路上仅运行一类速度标准、最高运行速度相同的高速列车,列车最高运行速度相同,速度标准相同。

② 多速度模式。高速铁路上开行多种速度列车,有较高速度标准的高速列车,也有较低速度标准的高速列车,两类列车的技术速度有明显的不同,故也称之为多速度列车"共线模式"。

例如,日本新干线采用全换乘模式,新干线上只运行高速列车,不开行跨线列车,跨线旅客需要通过换乘到达目的地。此外,高速铁路上开行了"希望"号(图1.9)、"光"号以及"回声"号这三类运行速度不同、停站次数不等的高速列

图1.9 日本新干线高速列车

车，实现了高密度（服务频率高）、长编组（定员多）、多方案（多达 70 种不同停车方式）的开行方式。

法国目前以巴黎地区为辐射中心，将大西洋线、北线、东线、东南延伸线、地中海线等主要干线有机连接，形成了贯通全国的高速铁路网，总通车里程为 2 036 公里。相对于法国的领土面积而言，这一里程并不算短，法国高速铁路采用了下线模式，即新建高速铁路为客运专线，但可与既有线兼容，高速列车可以跨线运行到既有铁路，方便地进入许多无高铁城市，具有高密度、少中转的优点。根据客流大小开行相应的列车数，列车运行间隔不规律。图 1.10 为法国 TGV 高速列车。

图 1.10　法国国家铁路（SNCF）的 TGV 高速列车

2. 混运模式

混运模式是另一类"共线模式"，是指在高速铁路上运行高速列车之外，还运行速度标准达不到高速条件的低速度列车，包括在既有线运行的中速旅客列车、快运货物列车等，可分为"高中速混跑"模式和"客货混跑"模式两类，前者可进一步细分为上线模式（既有线中速列车上高速线运行）、上下结合模式（中速列车上高速线和高速列车下既有线并存）。

例如，德国采用了混运模式，高速线路上既运行 ICE 高速列车（图 1.11），也运行较低速度的 EC 欧洲城际列车和 IC 城际快速列车、RE 地区快车和 RB 的地区普通列车以及快运货物列车，在运行图上呈现 3 个不同时段的差异：

图 1.11　德国 ICE 高速列车

① 昼间主要运行 3 种技术速度不等的旅客列车（ICE、IC、地区列车）；

② 夜间部分时段主要运行快运货物列车，种类和速度单一；

③ 昼夜交替时段为速度不同的客货列车混行时段。

同时，高速列车可下线运行并与旅客换乘相结合，ICE 列车实行节拍式运输，以固定的时间等间隔组织运行。

除了技术上的优势，高效的运营与管理系统也是德国高铁值得称道的优点。

① 订票系统重细节，信息一目了然。所有车次细节在订票时就可以全部掌握，不必到了车站才知道，这就降低了车站拥挤的程度。

② 票价较为"亲民"，打折受欢迎。德国高铁票价对于普通工薪阶层尚可接受，600 公里路程的二等座票价约为 120 欧元。另外，德国铁路还推出了打折卡，为经常乘高铁的旅客提

供不同程度的打折优惠。对于出差频繁的人，买一张五折优惠卡比较合适，出行几次就可以把买卡的钱省回来，非常受欢迎。

③ 进站不查票，信任是基础。德国车站没有进站查票人员，一切以信任为基础，旅客都是自己上车找座位。行车途中会有工作人员查票，也会有不查的情况。但如果无票乘车，被发现后会面临严重的罚款，还会留下不良信用记录。

④ 信息透明，补偿有据。一旦发生车辆故障、路况不良或天气状况，德国铁路总会在第一时间将问题解释清楚，让乘客做到心里有数，而乘客也大多会给予最大程度的谅解。按照德国 2009 年新修订的《乘客权益保护法》，列车如果晚点 1 小时，旅客可以获得票价 25% 的退款；晚点 2 小时以上，最多可获票价 50% 的退款；如果晚点造成乘客错过中转车次，即使只晚点几分钟，也可以寻求赔偿。在午夜 0:00 至凌晨 5:00 之间抵达目的地的列车或某条线路上的最后一班列车，如果晚点超过 1 小时，铁路公司将为旅客支付最高 80 欧元的出租车或巴士费用；如果晚点超过 1 小时并致使旅客需寻找临时住宿过夜，铁路将为旅客提供免费旅馆住宿。

⑤ 车速控制合理，乘坐体验舒适。如 ICE 列车上设有安静区，坐在这个区域就不能随便接打电话，大声喧哗更是被禁止的。个别车厢设有充电插座和 WiFi 无线网络，方便乘客上网娱乐和移动办公。

意大利也采用"客货混运"模式，即高速铁路上开行高速列车、中速旅客列车及快速货物列车，组织开行中、长途高速列车，部分快速货物列车，组织部分高速列车下线运行。

3. 中国高铁运营组织模式

由于中国高速铁路线网规模庞大、层次多样，其线路里程、路网功能、服务范围、运能利用等差异化较大，因此，运输组织模式呈现多样化特征。此外，随着客流数量及其性质的变化，以及新建衔接线路的开通运营，其运输组织模式也会随之发生相应的改变。

由于不同型号动车组列车构造速度不同，列车运行速度存在差异（简称"速差"），以及跨线列车下线运行，形成了不同速度、不同范围动车组列车的共线运行。目前高速铁路的运营组织模式，大多采用"不同速度、不同线路列车之间共线运行"的模式，在高速铁路上呈现的特点是：①两个速度等级（G字头与D字头动车组）列车共线运行；②本线列车和跨线列车共线运行。

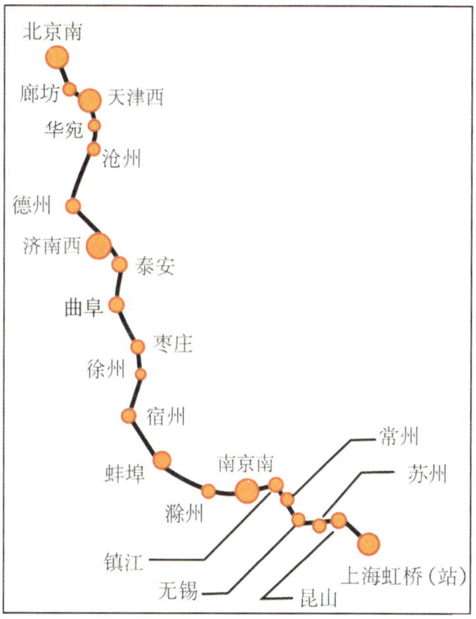

以京沪高速铁路（图1.12）为例，正线全长约1 318公里，共设置23座车站，与既有京沪铁路走向大体平行，设计速度目标值380公里/小时。在运营初期，由于受到客流量大小、高速动车组数量、其他线路运营状况等因素的影响，采用的是多速度共线运营模式，即G字头与D字头不同速度高速列车共线运行。随着客流量的持续增长，该线已全部运行最高速度为350公里/小时的高速列车，D字头列车不再上线运行，成为单速度模式。

图1.12 京沪高铁走向

沪杭高速铁路（图1.13）正线全长168公里，上海境内设有虹桥、松江南、金山北等3站，浙江境内设嘉善南、嘉兴南、桐乡、海宁西、余杭、杭州东等6站，共计9站。目前采取多速度共线运营模式，即两个速度等级高速列车共线运行，高速线上除了运行最高时速350公里的G字头列车外，还运行最高时速250公里的D字头列车。

在高速铁路线路通过能力较富余条件下，"共线模式""混运模式"对于充分发挥铁路网络效应，满足不同层次旅客出行需求有着重要作用。因此，两种不同速度高速列车共线运行，是中国高速铁路（京

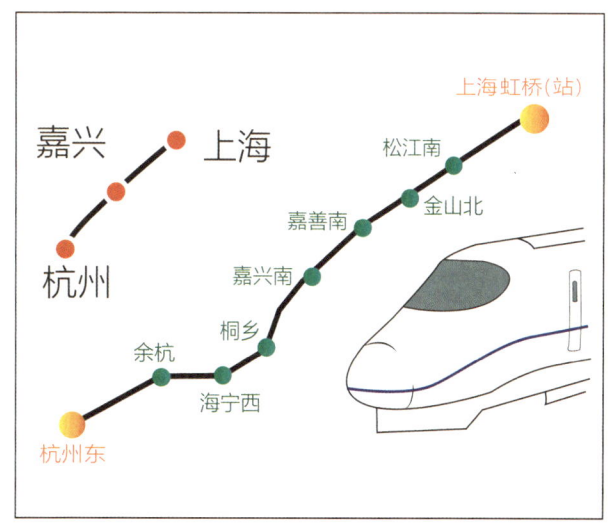

图1.13 沪杭高铁沿线设站示意图

沪高铁例外）运输组织的主要运营模式。由于其运能与运量之间具有较强的适应性，因而也将存在较长的时期。

此外，随着快速货运市场的兴起，高速铁路在条件具备时，可以组织开行一定数量的快运货物列车（货物列车需按客车运行条件组织行车），从而出现一定比例的"客货混运"模式。

应该看到，随着我国高速铁路网络的进一步扩大，高速铁路线路设施和移动设备的进一步完善，以及高速铁路本线客流量的增长，本线高速列车的开行数量将逐步增大，下线高速列车的数量将逐步减少。纯高速模式将是我国高速铁路运营组织的主要模式。

【知识链接】中国铁路主要运营指标历年数据

截至2017年底，国家铁路旅客发送量完成30.38亿人，比上年增长9.6%。截至2017年底，国家铁路旅客周转量完成13 396.96亿人公里，比上年增长6.9%。截至2017年底，国家铁路总换算周转量完成37 488.66亿吨公里，比上年增长10.9%。上述三项数据，如图1.14所示。

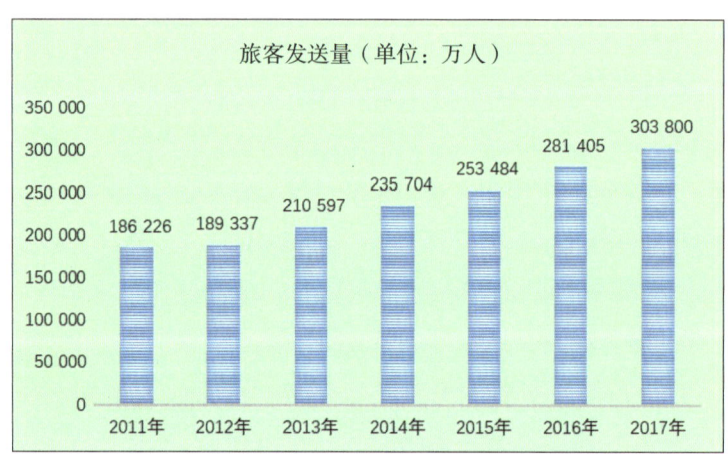

图1.14（a） 2017年中国铁路旅客发送量

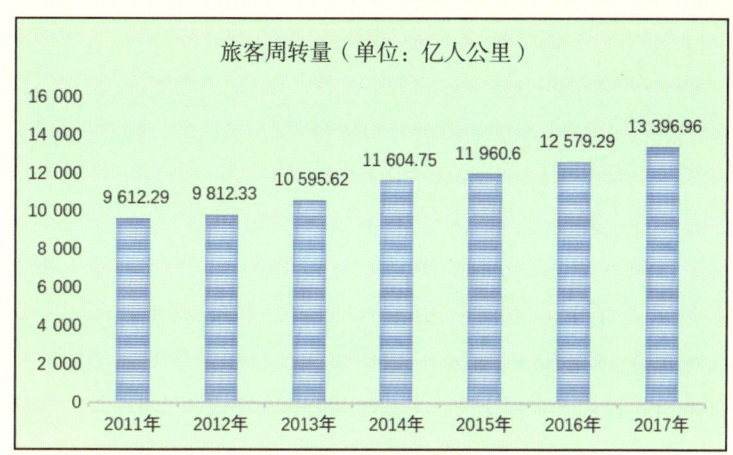

图 1.14（b） 2017 年中国铁路旅客周转量

图 1.14（c） 2017 年中国铁路总换算周转量

数据来源：国家铁路局（http://www.nra.gov.cn/xwzx/zlzx/hytj/201703/t20170324_36083.shtml）

【知识链接】"八纵八横"与"四纵四横"的关系

2016 年 7 月，国家发展和改革委员会、交通运输部、中国铁路总公司联合发布了《中长期铁路网规划》，勾画了新时期"八纵八横"高速铁路网的宏大蓝图。"八纵"通道包括沿海通道、京沪通道、京港（台）通道、京哈—京港澳通道、呼南通道、京昆通道、包（银）海通道、兰（西）广通道（表

1.1)。"八横"通道包括绥满通道、京兰通道、福银通道、青银通道、陆桥通道、沿江通道、沪昆通道、厦渝通道、广昆通道（表1.2）。"八纵八横"可实现相邻大中城市间1～4小时交通圈、城市群内0.5～2小时交通圈。

表1.1 "八纵"通道走向及途经城市

线路名称	途经城市	与"四纵四横"关系
沿海通道	大连（丹东）—秦皇岛—天津—东营—潍坊—青岛（烟台）—连云港—盐城—南通—上海—宁波—福州—厦门—深圳—湛江—北海（防城港）高速铁路，连接东部沿海地区，贯通京津冀、辽中南、山东半岛、东陇海、长三角、海峡西岸、珠三角、北部湾等城市群。	东南沿海客运专线的双向延伸（北至丹东，南至防城港）
京沪通道	北京—天津—济南—南京—上海（杭州）高速铁路，连接华北、华东地区，贯通京津冀、长三角等城市群。	既有京沪高速铁路的复线
京港（台）通道	北京—衡水—菏泽—商丘—阜阳—合肥（黄冈）—九江—南昌—赣州—深圳—香港（九龙）高速铁路，连接华北、华中、华东、华南地区，贯通京津冀、长江中游、海峡西岸、珠三角等城市群。	新辟通道
京哈—京港澳通道	哈尔滨—长春—沈阳—北京—石家庄—郑州—武汉—长沙—广州—深圳—香港高速铁路，连接东北、华北、华中、华南、港澳地区，贯通哈长、辽中南、京津冀、中原、长江中游、珠三角等城市群。	既有京哈客专和京广深港高铁和结合线，加上广珠澳支线
呼南通道	呼和浩特—大同—太原—长治—晋城—焦作—郑州—襄阳—常德—益阳—娄底—邵阳—永州—桂林—南宁高速铁路，连接华北、中原、华中、华南地区，贯通呼包鄂榆、山西中部、中原、长江中游、北部湾等城市群。	新辟通道
京昆通道	北京—石家庄—太原—西安—成都（重庆）—昆明高速铁路，包括北京—张家口—大同—太原高速铁路，连接华北、西北、西南地区，贯通京津冀、太原、关中平原、成渝、滇中等城市群。	新辟通道
包（银）海通道	包头—延安—西安—重庆—贵阳—南宁—湛江—海口（三亚）高速铁路，包括银川—西安以及海南环岛高速铁路。连接西北、西南、华南地区，贯通呼包鄂、宁夏沿黄、关中平原、成渝、黔中、北部湾等城市群。	新辟通道
兰（西）广通道	兰州（西宁）—临夏—合作—绵阳（安州）—广汉—成都—眉山—乐山—宜宾—毕节—贵阳—都匀—桂林—贺州—佛山—广州高速铁路。连接西北、西南、华南地区，贯通兰西、成渝、黔中、珠三角等城市群。	新辟通道

表 1.2 "八横"通道走向及途经城市

线路名称	途经城市	与"四纵四横"关系
绥满通道	绥芬河—牡丹江—哈尔滨—齐齐哈尔—海拉尔—满洲里高速铁路。连接黑龙江及蒙东地区。	新辟通道
京兰通道	北京—呼和浩特—银川—兰州高速铁路。连接华北、西北地区，贯通京津冀、呼包鄂、宁夏沿黄、兰西等城市群。	新辟通道
福银通道	银川—吴忠—庆阳—咸阳—西安—商洛—十堰—襄阳—随州—孝感—武汉—鄂州—黄石—九江—南昌—抚州—三明—南平—福州—厦门—台北等城市群。	福银高铁的双向延伸至厦门
青银通道	青岛—济南—石家庄—太原—银川高速铁路。连接华东、华北、西北地区，贯通山东半岛、京津冀、太原、宁夏沿黄等城市群。	青太客运专线的西延伸（至银川）
陆桥通道	连云港—徐州—郑州—西安—兰州—西宁—乌鲁木齐高速铁路。连接华东、华中、西北地区，贯通东陇海、中原、关中平原、兰西、天山北坡等城市群。	徐兰客专的延伸（东至连云港，西经兰新铁路至乌鲁木齐）
沿江通道	上海—南京—合肥—武汉—重庆—成都高速铁路。连接华东、华中、西南地区，贯通长三角、长江中游、成渝等城市群。	建立在沪汉蓉快速客运通道基础上的复线
沪昆通道	上海—杭州—南昌—长沙—贵阳—昆明高速铁路。连接华东、华中、西南地区，贯通长三角、长江中游、黔中、滇中等城市群。	即沪昆高速铁路
厦渝通道	厦门—龙岩—赣州—长沙—常德—张家界—黔江—重庆高速铁路。连接海峡西岸、中南、西南地区，贯通海峡西岸、长江中游、成渝等城市群。	新辟通道
广昆通道	广州—南宁—昆明高速铁路。连接华南、西南地区，贯通珠三角、北部湾、滇中等城市群。	新辟通道

第二章

高铁运输产品设计

一、客运产品的含义及其特点

二、客运产品的历史变迁

三、高铁运输产品设计方法

四、设计案例：联运产品设计

高铁运输产品设计根植于客运市场发展，旨在利用有限的固定设备、移动设备等运输资源，在合适的运营时间内，设计合适的客运产品，来满足广大旅客不同的旅行需要。

为了更好地理解客运产品及产品设计，本书第二章将从铁路客运产品的历史变迁、客运产品的内涵和特点以及高铁产品设计策略、思路、流程等几部分，介绍高速铁路客运产品是如何进行设计的。

一、客运产品的含义及其特点

说到产品,我们的脑中很自然地出现日用品、化妆品、保健品、电子产品等各类商品。由经济学可知,产品是指能够提供给市场、被人们使用和消费并能满足人们某种需求的东西,包括有形的物品,无形的服务、组织、观念或其组合。可见产品的内涵及表现形式可以十分多样化,其具备的功能基本是相似的:应满足客户(消费者、旅客)需求;客户需求是多层次的;针对每一需求层次上的不同客户,可以根据不同的营销重点,形成各类组合产品。

作为铁路旅客,花钱购买车票再乘车出行,从经济学的角度讲,也是购买产品的一种形式,即旅客从信息查询、购票到进站候车、乘车、出站等过程,与购买一般产品的过程是相似的。可是,与一般产品相比,铁路产品又有其独特的一面,下面就让我们一起认识铁路客运产品及其特点。

1. 如何理解客运产品

与一般产品类似,铁路客运产品也由多个层次构成,尽管层次划分及各层次内容不同,但其核心产品是旅客位移,不能把车票误以为是客运产品,车票应该理解为旅客与铁路之间的"合同"。而其他服务内容则是依附在核心产品之上、针对不同旅客出行需求而设计的。

众所周知,美国心理学家亚伯拉罕·马斯洛提出了人的需求层次理论,分为生理需求、安全需求、归属与爱的需求、尊重需求和自我实现需求(图 2.1)。因此,旅客出行需求也是有层次的,由低至高可划分为三个层次:

① 基本需求,主要体现为对位移的需求,是最基本的出行需求;

② 差异化、多样化的需求,在基本需求基础上,出于价格、舒适、安全等因素的考虑,根据不同侧重点而选择产品的需求;

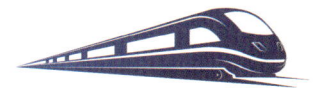

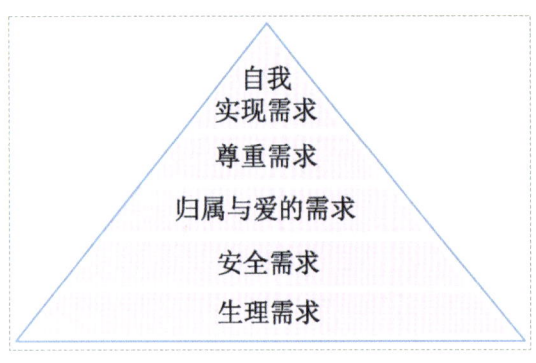

图 2.1　马斯洛需求理论

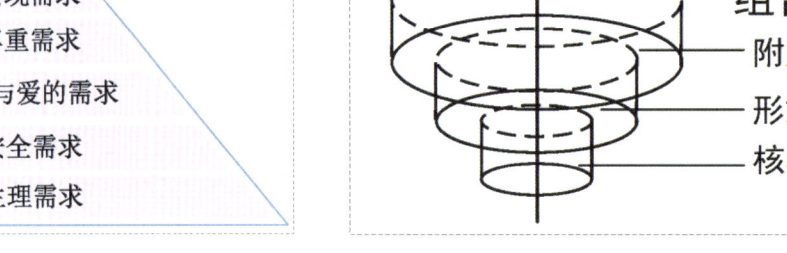

图 2.2　客运产品整体概念

③ 品质需求，体现了旅客对于服务的环节、种类、质量等方面的需求。

那么，三个需求层次对应的客运产品层次（图 2.2）内涵为：

（1）核心产品

为满足旅客位移目的而提供的最基本的客运产品，内容包含与旅客位移相关的特征因素，有位移服务的时间性、便捷性（如发车间隔、换乘条件）、舒适性（如列车种类、等级、席别）等，具体来讲，是旅客出行需要了解的时刻表信息，从专业的角度是指列车开行方案与运行图的优化设计。

（2）形式产品

运输企业将客运产品提供给市场的一种形象载体，是旅客可以直接感知到的产品内容，主要指车票的种类（如电子票、折扣票、团体票、月票等）及定价策略（如针对购票时间前后、不同的服务限制或旅客类型的差别定价）等。

（3）附加产品

在核心产品和形式产品之外为旅客提供的购票、候车、乘降、引导、信息、餐饮等延伸服务，是不同运输方式在竞争中获胜的有效手段。

组合产品是核心产品、形式产品、附加产品中不同产品要素进行组合而成的最终产品。因此，旅客为乘坐高速列车出行

表 2.1 高速铁路各层次产品设计要素

组合产品	产品层次	产品要素	具体要素
客运产品	核心产品	列车种类	① 普通动车组列车（D），速度在 200～250 公里/小时 ② 高速动车组列车（G/C），速度在 300～350 公里/小时
		停站方案	一站直达、大站停、择站停、站站停等
		开行对数	每日或高峰时段开行的列对数
		席位等级	商务座、一等座、二等座
		到发时刻	上午、中午、下午、晚上发车或到达
		换乘接续	直达车、换乘车
	形式产品	客票种类	① 全价票：目前我国铁路通常采用的票种 ② 优惠票：针对儿童、学生、伤残军人及团体旅客有一定的价格优惠，还有月票、折扣票等
		定价策略	① 递远递减：现行铁路车票价格制定的一般策略 ② 收益管理：针对购票时间先后，不同服务（退票、改签）限制和不同旅客类型的定价策略，是民航常用的策略
	附加产品	延伸服务	便利的购票、进站，安全的候车、乘车环境，信息导向，餐饮服务，"人脸识别"刷脸进站，车上 WiFi 上网，便捷的换乘通道，免费大巴接送，等等

购买的客运产品，不再是简单的位移，而是一种组合产品，多样化的组合产品是满足旅客差异化和个性化需求的关键。高速铁路客运产品各层次的设计要素及其含义如表 2.1 所示。

2. 高铁客运产品的特点

客运产品与制造业产品最本质的区别，就是客运产品边生产、边消费的同时性。由于产品消费的特殊性，伴随产生了独特的产品形态、独特的生产和消费过程以及独特的质量感知过程。

（1）独特的产品形态

客运业提供的效用是地点效用，它只有在特定的时间和方向上才是被需要的，不同时空范围的供应和需求不能相互弥补。被运输的旅客位移不能存储、不能调拨，只能满足当时当

地发生的旅行需要。向社会提供的客运能力和旅行服务，只有被旅客所接受才能转化为客运产品。若提供的票额在数量上多了，或在时间上错了（早了或迟了），都是无效的。因此，及时和正点是旅行服务质量的重要指标之一，也是铁路赢得市场的前提。为了确保运输的及时性，铁路要有一定比例的后备运力，以适应市场需求的波动。

（2）独特的生产和消费过程

运输的消费过程是与生产过程结合在一起的统一过程。这个统一的过程决定了客运产品一旦未被出售，其产品无法储藏，列车席位只有被旅客使用才是有效运输，否则即为浪费。因此，客运产品具有很强的时间性和易逝性。同时，客运产品的所有权不可转移。由于生产与消费的同步性，使得所有权转移消失，旅客付出的费用直接转化为自身的效用，旅客到达目的地后，手里的车票在运输层面上已经作废了。

（3）独特的质量感知过程

为减少客运产品质量感知偏差，在激烈市场竞争中，单靠价格竞争，其收益是有限的，靠质量竞争，其收益是无限的。必须提高服务的标准化、规范化程度，建立严格的服务监督机制和奖惩机制等，才能以高质量的客运产品来保持和提高市场竞争力。

而对高铁客运产品，其服务质量要明显高于普速列车，原因主要有以下几点：

① 旅客随到随走。高速列车开行数量大，列车密度达到公交化的程度，大量旅客无须在站等候数小时，可以随到随走，可以将每天数十万大客流，连续分解在一天不同时段（时间轴）的车次上。

② 开行方案更加科学。高铁作为客运专线，能够精准研究客流规律，再发挥铁路网络化的优势，动态调整列车开行方案，通过大量增开、调整、优化不同时空范围列车开行方案，包括列车运行区段、停站方案、开行对数等，让不同旅客的不同需求都能尽可能地得到满足。

③ 新技术助力新服务。在互联网时代，将"互联网+"应用到客运服务中来，例如：大力推广自助购票、网络购票等新方式；在各车站售票窗口和自动售票机开通扫码支付功能；在大站设置互联网购票推广体验区，引导旅客自助购票；各铁路集团公司建立"12306"微信公众号或移动客户端，方便旅客查询客运信息（列车时刻、增开停运、候车和售票等），并为旅客提供团体预约订餐和重点旅客预约等特色服务。让旅客不再为列车延误烦恼，不再为路上的餐饮操心。

④ 不断创新服务内容。本着旅客无小事的原则，践行"人民铁路为人民"的服务宗旨，倡导"安全出行、方便出行、温馨出行"，想旅客之所想、急旅客之所急，设身处地地为旅客的购票、候车、乘车提供便利的条件，不断推出服务旅客的各种项目。

二、客运产品的历史变迁

1. 购票：从彻夜排队到手机轻轻一点

曾经，为了买到一张回家的车票，游子们在人山人海、水泄不通的火车站苦苦守候，甚至在售票窗口前铺上被褥、和衣而睡，只为在第一时间抢到"秒杀"的车票（图2.3）。那时，

图 2.3 记忆中"彻夜排长队"买火车票的场景

由于"黄牛党"猖獗,即使排了数小时的队到达窗口,仍可能买不着那张回家的票,只能无奈地从"黄牛"手中高价购买。

如今,随着时代的进步,记忆中"彻夜排长队"的购票现象正逐渐远离人们的视线,曾经在火车站四处叫卖的"黄牛党"也已难觅踪影。这是因为铁路借助互联网的力量,形成了由 12306 网站及手机 APP、电话订票、代售点、自动售票机、车站售票窗口等"多管齐下"的多种购票途径(图 2.4)。在"互联网+"的购票模式下,旅客只需手指轻轻一点,不仅旅途信息尽在掌中,而且能随时随地地实现购票、改签、退票等需求,免去了来回车站的奔波之苦。

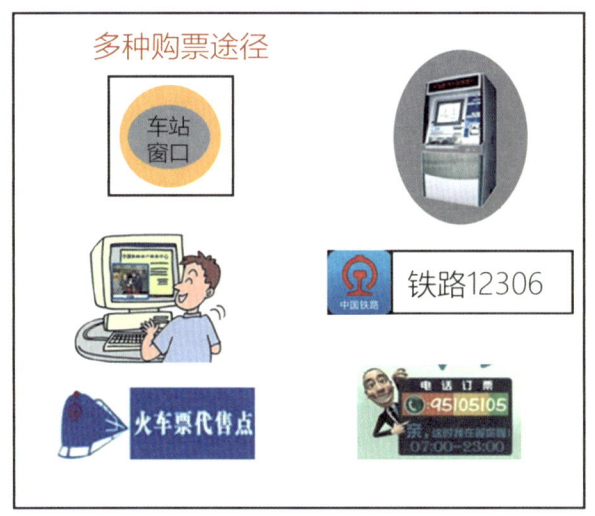

图 2.4 铁路多种购票途径

同时,通过"实名制售票"制度,彻底让"黄牛党"失去了市场,保障了旅客的购票权益,营造了良好的出行环境;通过公交化列车的开行,大大增加了列车开行密度,极大缓解了"购票难"的紧张局面。这一项项举措,不仅让旅客的出行不再"添堵",也逐步减少了旅行中的诸多烦恼和不快,体现了高速铁路服务大众的智能化和人性化。

购票方式在潜移默化中已经发生了天翻地覆的变化,那些披星戴月挤窗口买车票的日子，也终于一去不复返了！

2. 候车：从拥挤不堪到温馨舒适

假如时间倒流回十年前，当时的铁路候车室人满为患，列车车厢拥挤不堪（图2.5）。如今，高铁车站每天运送的旅客人数已经成倍地增长，但候车室、车厢内人满为患、拥挤不堪的场景越来越少见，取而代之的是舒适的乘车环境和温馨体贴的服务（图2.6）。不仅设置了饮水处、便民用餐区、手机充电处、母婴休息室等完备的便民设施，使候车环境更加干净整洁，而且在大型高铁车站开通了移动支付，加强了免费WiFi建设，让旅客随时了解各类信息，享受高铁时代高质量的出行生活。

图2.5 曾经人满为患的候车环境

图2.6（a） 高铁舒适的候车环境

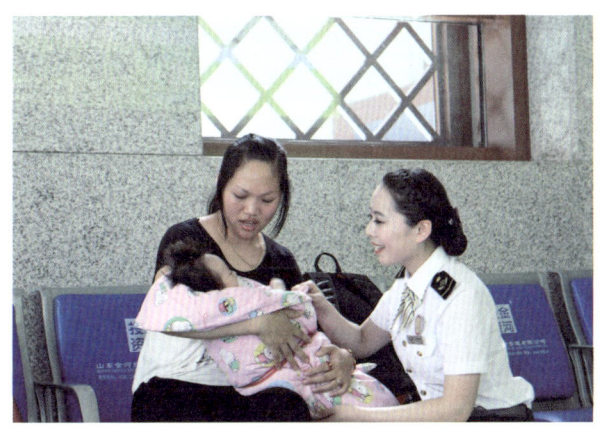

图2.6（b） 火车站温馨的服务

图2.6（c） 青年志愿者服务站

3. 乘车：从"绿皮车"到动车组

单一的墨绿色车身与白色银牌的绿皮车（图 2.7），没有舒适的空调环境，只有车厢顶部挂着的小小摇头电扇；没有动态的电子显示，只有乘务员口头的通告；没有车内平顺、宁静、舒适的乘车环境以及时尚的 WiFi 网络，只有拥挤不堪、举步维艰的过道，还有闷热难耐、喝水困难的艰涩旅程；没有刹那而过的穿越，只是"哐当、哐当"的喧嚣……坐过"绿皮车"的过来人，脑海中都会留下这些抹不去的"绿皮车记忆"。

图 2.7 记忆中的绿皮车

"绿皮车"是中国铁路 20 世纪 50—90 年代最具代表性的旅客列车，可能也是如今大多数中国人对火车认识的开始，承载了几代中国人关于铁路的共同记忆。这样的情形一直持续到 2000 年前后，"绿皮车"变成了红皮的空调车，虽然车厢舒适度有所改善，但是火车的"挤、慢、晚（晚点）"等问题还是普遍存在。

伴随着 2007 年 4 月 18 日的第六次大提速，我国首次采用了"和谐号"CRH 动车组列车。特别是 2008 年 8 月 1 日京津城际高速铁路的投入运营，中国第一条运营速度 350 公里/小时的高速铁路，彻底改变了传统列车的面貌，不仅使京津两个人口超千万的特大城市形成实现了同城化效应，同时也打开了中国铁路迈向"高速时代"的大门。

图 2.8（a） 中国"复兴号"动车组列车　　图 2.8（b） 中国"和谐号"动车组列车

这一路走来，中国高铁发展从"跟跑"到"并跑"，再到"部分领跑"的过程，实现了从"技术引进"到"中国制造"，再到"中国创造"的跨越。

随着"四纵四横"干线高铁网、长三角、珠三角等城际铁路相继开通运营，中国老百姓出门乘火车已不再是舟车劳顿、风尘仆仆，而是轻松潇洒、方便快捷，实现了高节奏的工作效率、高指数的幸福生活。在快节奏时代的驱动下，高铁已经成为富裕了的人们出行的必然选择！

4．餐饮：从内部售货车到"外卖"进高铁

记忆中，站台售货车总是随处可见（图 2.9）。由于列车停站时间较长，有时可达 10～15 分钟，每次列车停站，旅客有

图 2.9　记忆中的站台售货车

高铁运营组织与管理

图 2.10　高速铁路推出"坐高铁，点外卖"服务

下车吸烟的，有活动筋骨的，也不乏到售货车上购买食品的，这俨然成为一道流动的风景线。近几年动车组列车大量开行，动车组列车停站作业时间很短，导致站台上的流动售货车基本消失了，旅客只能自带或在车上购买食品。

2017年7月17日起，中国铁路总公司推出新的便民举措，在全国27个高铁车站，乘坐G字头、D字头动车组列车的旅客，都可以享受到"坐高铁，点外卖"的服务（图2.10）。

过去中国铁路封闭餐饮市场，经营业绩并不理想。据统计，旅客在高铁上的点餐率仅为5%。现如今旅客可在高铁上订到品牌外卖，标志着中国铁路列车餐饮服务已向社会敞开了大门。这一举措，一方面可以给铁路开拓出更大的经营空间，另一方面也给广大旅客带来了便利，提高了服务质量。例如，旅客乘坐列车途经某一城市，可能只停留几分钟，但通过网上预订和线下配送，就能把当地的特产带回家。

三、高铁运输产品设计方法

设计是人类特有的创意活动,生活中到处都有设计。以产品设计为例,设计师首先要考虑设计的目的,进而分析服务对象的生理和心理需求、使用要求、舒适程度等。就产品设计而言,企业考虑的是投入和产出、价格与市场等,追求的是利用产品独特的设计来赢得市场进而获利;消费者关注的是产品的使用功能、价格等因素,追求的是使用产品来享受生活。产品设计已经渗透到人类生活的每一个方面,小到锅碗瓢盆,大到航母军舰,这些都需要独特的产品设计。产品设计美化着生活,引领着生活,也时刻影响着人们的生活。

铁路客运产品设计是产品与旅客之间的连接,是企业与市场的连接,是功能与情感之间的连接。

（1）客运产品设计是产品与旅客之间的连接

客运产品能够赢得旅客的好感要凭以下三点:①要能够抓住旅客的需求点;②要把这个需求点进行精彩的阐释并表现到产品中去;③要把这个需求点通过产品有效地传达给旅客。这些都是产品设计所要完成的工作。所以,通过市场分析定位旅客需求,通过设计程序与方法去翻译旅客需求,通过设计语义和交互设计去传达旅客需求,这些都是产品设计前需要完成的非常重要的事情。

（2）客运产品设计是企业与市场的连接

产品设计对企业与市场的连接是产品与旅客连接的延伸。有了好的产品设计,提供了好的客运产品,才能赢得客运市场,从而实现经济效益。一个好的产品设计不仅是企业竞争的有力手段,还是企业的流动广告牌,应该能够承载企业独有的文化内涵和形象气质,能够演绎出符合企业策略的产品特质并传承下去。

（3）客运产品设计是功能与情感之间的连接

产品设计早已走过单纯的功能至上的时代，旅客除了对产品功能上的诉求之外，情感诉求日益凸显。因此，客运产品设计的重点不能单纯追求功能主义，而需要越来越多地关注旅客的行为方式、心理感受和情感诉求。例如，通过美妙的造型、怡人的色彩、温暖的材质迎合旅客潜藏的心理诉求；或是通过完美的功能开发设计，给旅客以无微不至的亲切关怀；或是通过生动的界面设计和新颖的交互方式开启旅客积极的情感体验；等等。

那么，究竟铁路客运产品是如何设计的呢？下面将从产品设计的策略、思路及流程分别讲述。

1. 客运产品设计策略

随着高速铁路的快速发展，高铁客运产品设计已从以往运能紧张下的"供给驱动"，转变为以"需求驱动"为主体。因此，高速铁路客运产品设计策略主要体现在以下方面。

（1）树立以需求为核心的产品设计理念

在需求驱动的前提下，高速铁路以客户需求为中心、以营销为龙头指导运输生产和经营。因此，产品的"设计—营销—调整"这一过程，是以满足旅客需求为首要目标，形成整体、连续的过程，使产品设计围绕旅客需求形成负反馈闭环，保证产品不断地贴近需求。

（2）针对不同层次产品合理设计多级细分市场

在需求驱动的总体要求下，为实现产品的针对性，市场细分成为产品设计的必然手段和前提条件。除考虑不同层次的需求外，还要考虑细分的合理性，特别是在对高层次需求的市场细分中，必须合理控制细分市场的数量规模——数量过少会导致市场针对性不足，旅客需求满足度会相应减小，不利于市场竞争；数量过多则会导致企业成本大幅提高。因此，在市场细分过程中必须找到一个合理的平衡点。

（3）正确平衡产品的公益性与营利性

由于铁路的特殊地位，我国铁路一直兼具企业性和公益性，承担着大量的公益性功能，对产品的设计及企业收益提高形成一定的制约。我国高速铁路资本投入多元化，各类企业资本的存在会使高速铁路公益性特征有所削弱。高铁客运产品的公益性表现在满足社会公众的基本出行需求方面，针对的目标市场一般为价格敏感型的普通旅客；营利性则表现在满足旅客出行的高层次需求方面，目标市场的重点在于质量敏感型的中高端旅客。因此，在产品设计过程中，关键是深入分析旅客特性，将市场细分为不同类型。针对公益性较强的细分市场，设计的重点在于满足基本的出行需求，弱化其服务等高层次需求的设计；针对营利性较强的细分市场，则需要在满足基本需求的基础上，有针对性地设计不同的服务及其组合产品。

2. 客运产品设计思路

高铁客运产品设计的思路，应该建立在如下的社会经济发展背景之下：

① 旅客出行选择的多元化和出行需求的个性化。随着社会经济的发展，人们外出旅游休闲活动的频率增加，出行方式日趋丰富，出行需求也逐渐出现差异化。一方面，旅客出行更注重从出发地到目的地之间安全、快捷、经济、舒适的全程服务，另一方面，不同的旅客对于产品不同属性的重视程度逐渐出现差异。铁路及时准确地获取旅客差异化的需求，并有针对性地设计合理的产品，也是客运市场竞争中取得优势的关键。

② 跨越式发展的高速铁路，为提供更多、更好的个性化、差异化客运产品创造了条件。在铁路运能紧张的时代，客运产品设计只能以充分利用现有运能为出发点，产品设计方法比较简单，产品形式比较单一。随着高速铁路的不断建设与运营，铁路路网规模逐渐扩大，极大地缓解了长期以来运能与运量的供需矛盾。同时，中国铁路正走向市场经济时代，为铁路丰富和完善多样化的客运产品创造了条件。

③ 客运市场竞争日趋激烈。随着经济的飞速发展及交通基础设施的大量建成，公路、铁路、民航等客运方式之间竞争

日益激烈，高速公路网逐步完善，民航市场化运营逐步深化，公路、民航不断推出各种交叉的营销组合策略，吸引着大量的旅客。铁路如果不重视旅客多样化和个性化的出行需求，不改变传统的、单一的产品设计方法，就难以在市场竞争中站稳脚跟。

由此可见，识别当今时代旅客多样化、差异化的出行需求，有针对性地设计不同的客运产品，对于增强铁路的竞争力、提高旅客满意度和忠诚度、实现经济效益和社会效益的双赢，具有重要的现实意义。

高速铁路客运产品设计的实质是高速铁路供给与需求逐层逐步精确匹配的过程，具体表现为不同层次产品的设计与组合。针对核心产品层，研究列车编组结构、运行区段、停站方案、开行对数、发车间隔等；针对形式产品层，给出基于车票种类、价格等要素的差别产品设计方案；针对附加产品层，设计不同的延伸服务。在此基础上，对不同层次产品的不同要素进行组合，得出组合产品的设计方法，其基本思路如图2.11所示。

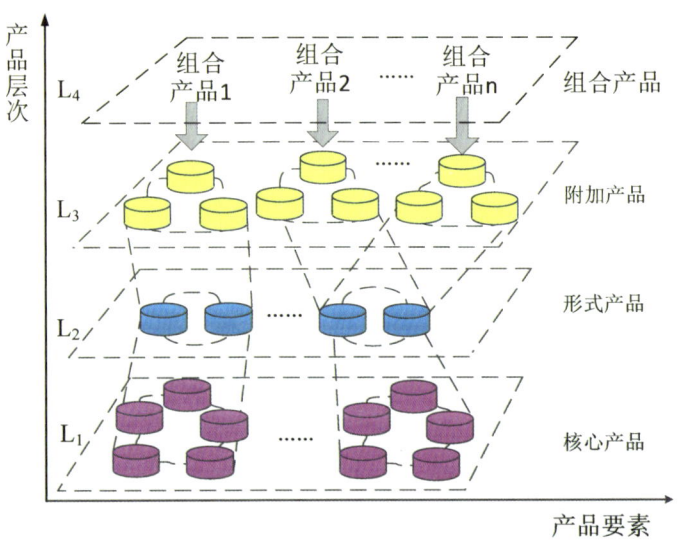

图 2.11 客运产品设计基本思路

从横向看，在每个产品层次，产品各要素取不同的属性值可以形成不同的产品方案；从纵向看，将核心产品、形式产品以及附加产品三个层次进行组合，即进一步形成多样化的组合产品。

3. 客运产品设计流程

综合以上客运产品设计策略和思路，可知高速铁路客运产品设计是以市场需求为中心、以运输市场为导向、以运力资源为约束，采用市场营销的方法，对各个层次产品要素进行设计，逐步实现供给与需求匹配的过程。其中：

市场分析是客运产品设计的基础，只有准确把握市场定位及需求，才能真正设计出满足市场需要的客运产品；

产品营销是客运产品发挥效益的必要途径，只有运用有效的营销策略，才能最大化发挥产品的效益；

评价和反馈是产品不断优化的关键，只有根据产品的效益和旅客满意度评价，及时制订产品调整策略或新产品开发计划，不断实现客运产品的优化，才能最终形成高铁客运品牌。

具体设计流程可参考图 2.12 所示。

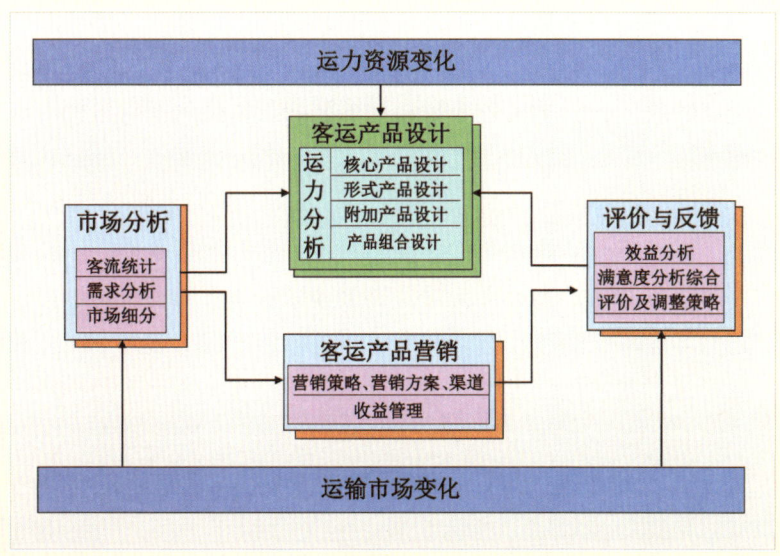

图 2.12　高铁运输产品设计流程

可见客运产品设计不是闭门造车,需要与市场分析、产品营销及评价反馈等环节一起,共同构成客运产品设计与营销的闭环系统。重点应做好以下几个方面的工作:

(1) 市场分析

① 客流分析与统计

客流分析与统计是高速铁路客运产品设计的重要依据,是合理配置运输资源、优化运营组织、调整产品营销策略的基础。分析统计客流流量、流向、流时、流程以及客流群体构成、出行特征、区段客流等特点,对于确定产品种类、产品价格、销售渠道等具有重要的意义,是合理安排列车开行种类、开行数量、动车组交路等决策的重要依据,关系到客流转变为列流的过程,意义重大。

② 客运需求预测

深入了解客运市场需求是合理设计客运产品、有效调整产品销售策略的基本保障。客流预测时,要注意实际发生的需求是在现有产品供给下形成的客流,仅能反映"被满足的需求"。在部分运能紧张的区段和时段,当产品供不应求,旅客的第一意愿得不到满足时,可能选择其他可替代产品。此时,不可售产品的需求转移至可售产品甚至流失,导致可售产品的真实需求小于实际客流量,客流数据不能反映真实的实际需求。因此,在以历史售票数据和客流调查数据为基础进行需求预测时,需要通过数据挖掘技术,充分研究真实的市场需求。

③ 客运市场细分

市场细分是设计有针对性的客运产品的前提条件,可以为编制列车开行方案、优化经营决策等提供重要依据。由于高铁路网客流增长迅速,不同旅客群体对各种需求的偏好不同,相应形成了多元化、多层次的需求结构。因此,客运产品设计的关键是,如何根据市场需求的结构,设计并及时调整客运产品,以满足不同个性化的产品需求。在对客运市场进行细分时,借助客流调查、客流统计、客流分析等手段,系统地收集、记录、整理不同细分市场旅客需求的特点,以便掌握客运市场规律，有针对性地设计符合各细分市场的客运产品。

（2）产品设计

① 核心层产品设计

核心产品设计包括对列车开行方案和运行图优化编制，主要是针对旅客最基本的位移需求进行设计。这个环节主要考虑旅客对列车的运行区段、列车等级、停站方案、开行对数以及开行时段等基本需求。需要根据不同细分市场上的客流量情况，针对不同细分市场设计出满足旅客基本需求、共性较强的方案，作为整个产品设计的基础。同时，由于不同旅客群体对于列车席位（商务座、一等座、二等座）等方面的偏好不同，需要先分析旅客对席位的实际需求，在此基础上，进一步确定各列车具体的席别配置。

② 形式层产品设计

针对不同细分市场的特点，运用差别定价技术，形成能够满足不同市场需求的客票体系（例如折扣票、月票、季票等不同形式的车票）以及定价策略［针对不同服务限制（退票、改签等服务限制）、不同用户类型以及不同订票时间的定价］，作为直接面向旅客销售的产品形式。这个环节主要考虑成本及旅客差异化特点，给出满足多种需求的车票类型和合理价格。

③ 附加层产品设计

结合旅客差异化需求及各类客运产品的市场定位，设计完整的服务体系，包括服务集合、服务范围、服务流程、服务标准及监督与质量控制机制。主要解决的问题有：旅客出行全过程中，不同环节可提供服务的种类和级别，各种服务标准、流程及所需条件；不同类型和级别的车站、列车可以完成的服务和需要的软硬件及人员配置；不同产品应包括的标准服务，如果需要提供额外服务时，使用不同产品旅客的额外服务费用如何计算；服务质量的控制；等等。

④ 产品组合设计

在上述各层次产品设计的基础上，面向各细分市场的旅客

需求,形成将不同产品要素进行组合的差异化组合产品,例如针对不同群体的列车开行方案、车票票价和种类、服务以及产品销售策略等不同组合。这个环节主要针对旅客对价格和服务的敏感性进行区分:对价格敏感的旅客主要满足基本需求,实行优惠策略;对服务敏感的旅客可以执行VIP、增值服务等方案。

(3)产品营销

现代社会交通运输体系不断完善,公路、民航等交通方式竞争激烈,高铁应该利用自身优势,建立一套独具自身魅力的营销策略,以此带动高铁行业的发展。因此,须借鉴航空及欧美等国铁路客票营销经验,利用收益管理及客户关系管理等方法对客运产品进行个性化营销,如采用价格折扣调控策略、席位控制和票额分配策略,对现有运力资源进行合理分配。

(4)产品评价与调整

在产品实施后,根据产品的效益和旅客满意度等评价指标,及时完善现有产品,开发新产品,通过不断调整和优化,进一步适应变化的客运市场需求。当某种产品的上座率等相关指标达到一定阈值时,就应进行有预见性的调整。以沪宁高速铁路为例,初期安排直达列车较少,通过增加中间停靠站的方式吸引客流,当客流逐步上升特别是直达客流上升后,逐步增加直达车数量,并均衡安排中间停站数量等。

总之,高速铁路客运产品设计是一个复杂的过程。完善的运输网络和强大的运输能力,为高速铁路的市场化运作提供了强大的运力支撑,使其运营目标和环境发生了根本性改变。高速铁路客运产品的设计适应了这一变化,从旅客不同层次的需求出发,结合高速铁路特点,科学地设计了客运产品,为高速铁路市场竞争力的提高、路网综合效益的发挥奠定了基础。

四、设计案例：联运产品设计

有时仅仅通过高铁一种运输方式，或仅仅乘坐一趟列车并不能直接到达目的地，还需要途中换用其他交通方式或换乘其他列车。下面试对高速铁路内外部换乘、衔接或联运的主要形式作简要描述。

1．路内接续

为了方便旅客的中转换乘，铁路在列车运行图、票额分配等计划的编制方面，为旅客提供了旅程接续方案，主要包括图定接续方案、席位接续方案等。

（1）图定接续方案

为完善旅客运输的可达性，根据现有列车运行方案及停站方案，向旅客提供不同车次间的换乘接续方案，方案需要满足时间、行程、票价等条件的约束。

（2）席位接续方案

为方便旅客及时出行，根据旅客指定的换乘需求，按照列车运行图（时刻表）以及各次列车剩余席位，向旅客提供同车次不同席位或不同车次间最经济、最合理且可行的席位接续方案。

2．空铁联运

空铁联运是指航空运输与铁路运输之间协作的一种联合运输方式。通过建设和整合机场与铁路的基础设施，实现高速铁路作为"零米高度航空"与航空运输的无缝衔接，实现航空业和铁路业的双赢，以及不同行政区域间的双赢。

航空运输是大部分长途出行旅客的首选工具，对于中长途的商务型旅客非常具有吸引力。随着高铁的崛起，两者之间在平行通道上的竞争越来越大。同时，选择在高铁和民航飞机间换乘的需求越来越多，这是两者之间合作形成"空铁联运"的共享市场。在国外已有许多成功的空铁联运合作案例，如伦敦

帕丁顿站的城市航站服务中心、法兰克福机场、伦敦盖特威克机场和香港国际机场的空铁联运。

国内一些城市也纷纷建立综合交通运输体系，机场和高铁车站纷纷建在一起（如虹桥机场枢纽，图2.13），为空铁联运的实施奠定了基础条件。尤其是长三角、珠三角等地区，已经形成了密集的城际高铁网络，能够充分发挥城际高铁优势，吸引空铁联运客流。

图2.13　空铁联运运营模式

空铁联运服务主要体现在异地值机、异地行李交付、联运信息服务、联运票务服务四个方面。由于中国高铁没有专门的行李车，只提供高铁快件（小件）运输，另外高铁和航空的安检标准和要求不同，因此，在国内空铁联运的异地值机、异地行李交付还暂时无法实现。国内的空铁联运主要提供联运信息服务、联运票务服务。

（1）联运信息服务

空铁联运信息服务是集成航空公司、铁路、机场集团三者的票务、运行、引导等信息，向联运旅客提供列车与航班信息、引导信息、延误信息、客票信息等服务，最终实现航空与铁路的信息共享。

（2）票务服务

通过信息共享，在航空票务系统中，将空铁联运车站、高铁车次虚拟成机场和航班，实现代码共享，然后通过互联网和代办点进行"空铁通"产品销售。系统主要提供余票查询、订票、退票、改签等功能。由于航空票务和铁路票务相对独立，两者都实现了实名制售票以及电子客票，因此，在票务服务上实行分段售票服务，旅客在行程上只需凭借本人有效身份证件即可直接乘车（机）或取票乘车（机）。

基于地区综合交通运输体系，空铁联运模式采用航空换乘高铁、高铁换乘航空这两种运营模式，具体方式如图2.14所示。

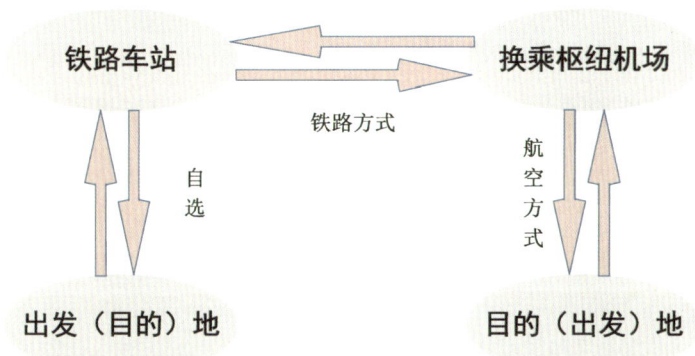

图2.14 空铁联运组织方式

3.港铁联运

随着旅游业的蓬勃发展，邮轮旅游成为一种新兴的旅游产业。邮轮旅游以主要城市（如上海吴淞口码头）为基点，吸引周边乃至全国各地旅游爱好者。高速铁路的快速发展，为邮轮旅游提供了高速、优质的客流，也有力地促进了邮轮旅游的发展。为实现区域交通一体化，方便邮轮旅客便捷出行，铁路部门联合港口、邮轮公司共同推出港铁联运相关产品——"邮轮通"。

"邮轮通"将铁路服务、港口服务、邮轮旅游进行整合，向游客提供"门到门"的无缝旅游服务。在行程上，提供从游客所在城市到港口城市的高铁服务，提供从港口城市高铁车站至港口间的汽车短驳服务、邮轮旅游服务、回程汽车短驳和高铁旅行服务等全流程服务；在票务上，实行全程服务销售和可

图 2.15 "港铁联运"运营模式图例

选择服务销售,满足各种游客的选择。为保证"邮轮通"产品的可靠性,铁路、港口、邮轮公司针对可能的晚点提供应急处置机制,保障了游客的顺利出行。

例如,开展港铁联运战略合作,打造"空—铁—港"联运产品,为旅客提供联运一体化服务。作为联运产品的重要环节,上海铁路国际旅游(集团)有限公司与上海国际邮轮旅游服务中心有限公司联手,开通了高铁邮轮直通车。目前,虹桥机场、虹桥站、上海站设有"高铁邮轮直通车"服务站点。如图 2.15 所示,分别为吴淞港邮轮码头和上海虹桥站。

4. 地铁联运

地铁联运是指与城市轨道交通的衔接换乘。高铁与地铁作为两种运输空间不同的交通方式,前者服务城际客运,空间距离往往可跨越上千公里;后者的服务对象主要是市内客运。有效地将两种运输方式衔接起来,使之成为一个有机的关联部分,可以更好地发挥两者的综合效率,使城市轨道交通更好地为铁路客运起到集散的作用。因此,组织好不同方式之间的衔接换乘,需要符合以下原则:

(1)换乘组织的连续性

这是换乘组织最基本的要求,主要体现在换乘过程(包括换乘时间和换乘空间)的连续性和信息获取的连续性,确保换乘过程的连续与通畅。

（2）换乘能力的适应性

由于两种运输方式具有各自的运输服务特性，两者在运输能力、服务水平上存在一定的差异，需要满足运能的匹配性和服务水平的一致性，保证旅客在不同方式间的方便换乘，避免换乘客流在中间环节上滞留和集聚，保证换乘过程的通畅和有序。

因此，在衔接设施设计、接续时间、衔接手续、票价优惠方面上，要实现换乘组织的连续性、换乘能力的适应性。

① 在衔接形式方面。地铁与高铁之间的衔接形式，可分为站前广场换乘、通道换乘、站厅换乘、站台换乘等多种。站前广场换乘形式是最基本形式，这种方式旅客步行距离较长，换乘效率较低。通道换乘形式通过设置专门换乘通道，由于有专门通道，换乘流线干扰较小，便于识别。

② 在接续时间方面。高铁的运营时间要与城市轨道交通的运营时间需要相互衔接、密切配合，尤其确保首末班车运营时间的衔接，并预留好乘客换乘行走的时间。

③ 在衔接手续方面。以高铁旅客出站进入城市轨道交通车站的流线为例，高铁旅客已经通过高铁安检，若安检标准符合城市轨道交通的要求，进入地铁车站无须重复安检，可以大大节省旅客换乘时间，特别是为携带行李较多的旅客带来方便。此外，为更好地压缩换乘环节，加快旅客换乘速度，高铁出站旅客可凭当日高铁车票免费乘坐一次地铁，或换乘时有一定的折扣，这在一定程度上也是对联运旅客实施了票价的优惠。

【知识链接】有关购票的那些事儿

2011年6月1日，动车组列车率先实行车票实名制；同年底，电话订票、网络订票服务全面开启，国内一些知名出行网站也开始提供订票服务。

2012年1月1日，全国所有旅客列车实行车票实名制，购买铁路车票正式迎来"网络时代"。

2013年11月20日，铁路12306网站新增支付宝支付通道，支付方式更加多元化；同年12月8日，12306手机客户端正式开放下载，至此，购买车票进入"拇指时代"。

2014年3月1日，铁路12306网站开始对互联网购票进行身份信息核验，大大提高了网络购票的安全性。

2015年春运，中国铁路总公司官方通告，网上购票预售期由此前的20天延长至60天；5月6日，新的购票、改签、退票政策出台，办理时间由原来的不晚于开车前2小时调整为不晚于开车前30分钟，这就意味着，在列车开车前半小时内，旅客可以通过网络操作办理相关业务。同年，为降低平台故障率，中国铁路总公司开始与阿里云等互联网公司合作，借助阿里这朵"云"，12306网站和移动端至今几乎再没有发生过大规模的系统瘫痪。

2016年1月30日起，12306网站首页增加"余票动态信息"栏目，滚动显示当日起至4日内重点方向列车余票信息，方便旅客直接查询，余票数据每半小时更新一次。

2016年2月3日起，12306手机APP新增列车正晚点查询服务。输入需查询的车站名和列车车次后，即可查询该列车在指定车站3小时内的正晚点信息，方便旅客提前做好乘车安排。

2016年12月1日起，12306手机APP新增"温馨服务""约车""起售时间"功能。其中"温馨服务"包括遗失物品查找、重点旅客预约、投诉、建议、客服电话查询、服务查询等内容；"约车"是用户在购买火车票时，可直接预约车辆，实现出行"无缝衔接"；"起售时间"则可以查询各地火车站的售票时间。

2017年7月17日起，12306网站和手机APP新增订餐服务。乘坐G字头、D字头的动车组列车出行的旅客，可以通过

12306 网站、手机 APP 等方式订餐。既能够预订所乘列车餐车供应的餐食，也可预订沿途 27 个试点供餐站供应的社会品牌餐食。订餐后由铁路车站工作人员将餐食送至订餐时填写的车厢座位。

【知识链接】中国高铁主要线路开通时间表

2008 年 8 月 1 日，京津城际高速铁路开通运营，全长 120 公里，设计时速 350 公里，北京、天津两大直辖市间的运行时间由原来的 2 小时左右缩短至 30 分钟左右，形成同城效应。

2009 年 12 月 26 日，武广高速铁路的开通运营，标志着中国正飞速进入高铁时代。

2010 年 2 月 6 日，郑西高速铁路开通运营。郑西高速铁路是"四纵四横"中徐兰客运专线的中段，是我国在湿陷性黄土区建设的首条高速铁路，全长 523 公里，设计时速 350 公里。

2010 年 12 月 30 日，海南省交通史上的一号工程——东环铁路正式建成通车，海口到三亚仅需 90 分钟。东环铁路沿着东海岸，穿越最具旅游发展潜力的东部城市带和滨海旅游带，促进海南从单一的目的地旅游转变为沿线旅游、环岛旅游。

2011 年 6 月 30 日，世界上一次建成里程最长的京沪高速铁路建成通车，线路全长 1 318 公里，设计时速 350 公里，初期运营时速 300 公里。

2011 年 12 月 26 日，广深港高铁广深段正式开通营运。广深港高铁通过广州南站可实现与武广高铁、广珠城际等无缝换乘，为南下旅客、"珠三角"居民前往香港提供了极大的便利。

2012 年 12 月 1 日，东北地区第一条高速铁路，也是世界上第一条穿越高寒地区的高速铁路——哈大高铁开通运营，线路全长 921 公里，设计时速 350 公里。

2012年12月26日，全长2 298公里，世界上运营里程最长、跨越温带和亚热带及多种地形地质区域和众多水系的北京至广州高速铁路全线通车。

2013年12月28日，被喻为"特区之虹"的厦深铁路全线通车运营。厦深铁路联结厦门、深圳、汕头等经济特区，把珠江三角洲与海峡西岸经济区连接起来，形成东南沿海3小时经济圈，将对区域经济的整合和优化产生深远影响。

2014年12月26日，横贯东西的现代"钢铁丝绸之路"——兰新高铁全线开通运营。线路东起甘肃兰州，途经青海西宁，甘肃张掖、酒泉、嘉峪关，新疆哈密、吐鲁番，西至新疆乌鲁木齐，全长1 777公里，再次刷新一次性建设里程世界最长的纪录。

2014年12月26日，贵广高铁正式通车运行，贵阳至广州的列车运行时间由20小时缩至4～5小时。作为贵州最便捷的出海大通道，贵广高铁大大缩短了西南地区与珠三角地区间的通行时间。

2014年12月26日，南广高铁全线正式开通运营。作为华南地区的经济大动脉，南广高铁将带动广西融入粤港澳，形成"大珠三角经济圈"。

2015年9月20日，东北最美高铁——吉图珲高铁正式开通。该线与长吉城际、哈大高铁、盘营高铁、沈丹高铁和丹大快速铁路等共同构成东北地区铁路快速客运网，对于加快长吉图开发开放先导区建设、带动长白山及图们江地区跨境旅游发展、加强东北亚区域交流合作具有十分重要的意义。

2015年6月28日，合福高铁正式开通运营。线路纵贯安徽省中南部、江西省东部、福建省东北部地区。既途经历史悠久、人文荟萃的铜陵、绩溪、宣城等地，又辐射山清水秀、风景优美的巢湖、黄山、武夷山等自然风景名胜，实现了"一站一景"，被誉为"中国最美高铁"。

2015年12月30日，海南环岛高铁西段开通运营，标志着全长653公里的全球第一条环岛高铁全线贯通，也是迄今为止地球最南端的高速铁路。

2016年9月10日，郑州至徐州的高速铁路开通运营，从此中国高速铁路运营里程正式超过2万公里。

2016年12月28日，全长2 252公里，途经上海、杭州、南昌、长沙、贵阳、昆明六座省会城市及直辖市，中国东西向线路里程最长、经过省份最多的上海至昆明的高速铁路全线贯通。

2017年6月25日，由中国铁路总公司牵头组织研制、具有完全自主知识产权的中国标准动车组"复兴号"正式命名；6月26日，"复兴号"在京沪线上投入运营；9月21日，"复兴号"在全世界率先实现高铁时速350公里商业运营。至2017年6月，我国铁路营业里程已达12.4万公里，其中高铁2.3万公里。

2017年7月9日8时16分，宝鸡至兰州高铁正式开通运营，标志徐兰高铁全线贯通，西北的甘肃、青海、新疆由此融入全国高铁大家庭。

2017年12月6日，途经我国地理上最重要的南北分界线上的秦岭、世界首条穿越艰险山脉的西成高铁正式开通运营。该线全长643公里，设计时速250公里，两地最短运营时间3小时27分。

2017年12月28日，石济客运专线正式开通运营，标志着国家"四纵四横"高速铁路网的青太客运专线全线贯通。

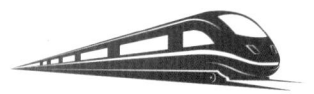

第三章

高速铁路客票销售

一、高速铁路如何组织售票

二、高速铁路如何管理票额

三、高速铁路如何管理客票收益

四、常旅客会员积分与服务

当我们选择高铁外出时,首先想到的是要买到理想的车票。然而,一张小小的车票,背后却蕴含着许多感人的故事,也包含了许多重要的信息,有车次、上下车站、候车室或检票口、乘车日期、发车时刻、车厢号与座位号、票价、身份证号码(不完整)及姓名等,是旅行过程的重要凭证。

一、高速铁路如何组织售票

高速铁路售票组织工作由铁路总公司、铁路集团公司、站段三层负责。铁路总公司是售票组织管理制度和工作标准的制定层,也是售票系统的规划和研发层,监督、检查、指导全路售票组织工作;铁路集团公司是售票组织管理和实施层,负责局内售票组织的指导、管理并组织实施;站段是售票组织执行层,负责具体售票、改签、退票、取票、补票、挂失补、实名验证等作业,配备相应设备实施,并提供售票组织咨询、投诉等服务。

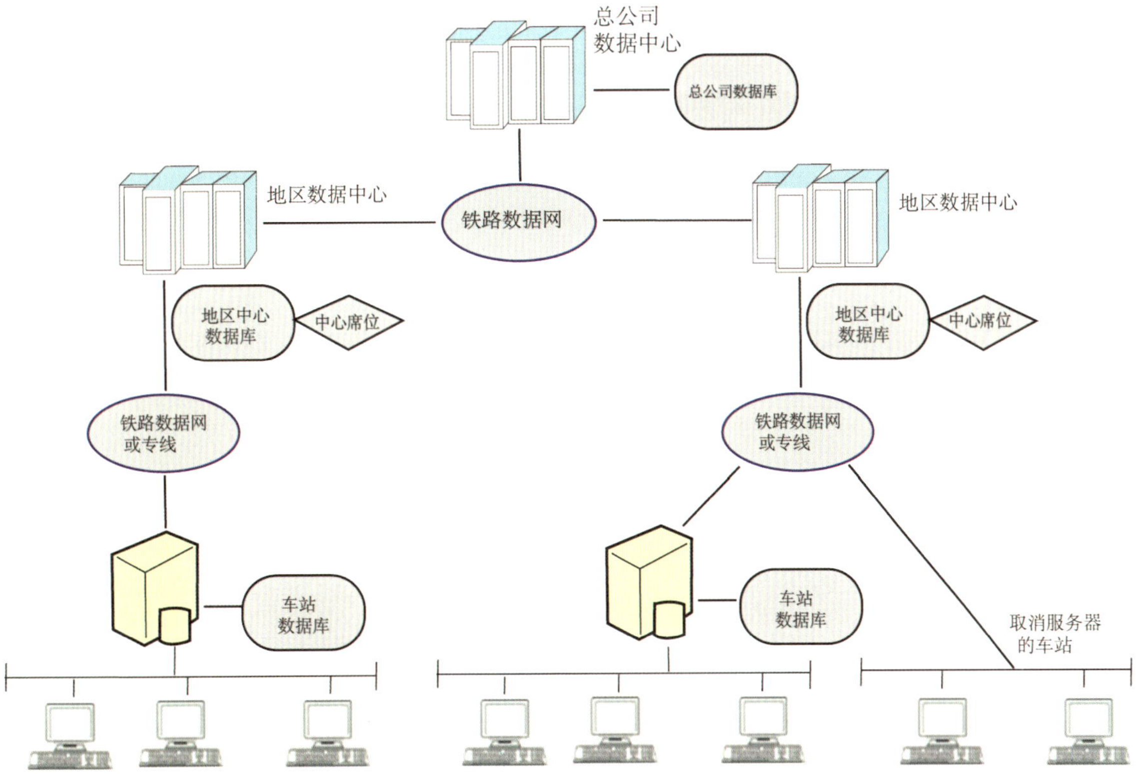

图 3.1 售票组织总体构架

1. 高速铁路售票系统的构成

售票系统（也称"客票系统"）的全称是"中国铁路客票发售和预订系统"，该系统自1996年开始建设，经过20余年的发展，已建成覆盖全国的超大型售票网络系统，实现了全国联网售票。系统不仅支持普速列车车票销售，也支持高速列车车票销售，是全国统一也是唯一的铁路售票系统。

作为一名旅客，或许只留意到买票、乘车等能够体验到的环节，而对其背后的系统构成不甚了解。高速铁路售票系统的构成十分复杂，就像一棵大树，分散着许多枝丫，枝丫上还开着五颜六色的花朵。树干就是总公司客票中心，而18个铁路集团公司就是枝丫，枝丫上的花朵就是售票系统提供的多种服务。

全路拥有1个总公司客票中心（含互联网售票平台），18个铁路集团公司地区客票中心，联网车站2 720个，售票窗口约10 267个，自动售票机11 233台，互联网约29 206.9万注册用户，日均售票量超过562.3万，峰值售票量已达933.2万。

随着计算机网络技术的迅猛发展，新一代客票系统除了提供窗口售票、自动售票机、互联网、电话、代售点等功能，还提供客户管理、旅程规划、收益管理和其他延伸服务（旅游、酒店、接送等服务）等。各项业务之间的关系如图3.2所示。

2. 高铁的多种售票方式

为了方便旅客尽可能随时随地购票，铁路公司提供了以下售票方式：窗口、代售点、自助售票机、互联网（含手机APP）、电话订票等，其中窗口、代售点、自助售票机等售票方式支持银行卡、现金、第三方支付等多种支付方式，互联网（含手机APP）售票方式支持除现金外其他多种在线支付方式。因此，旅客无须再去车站彻夜排队买票，也不用担心

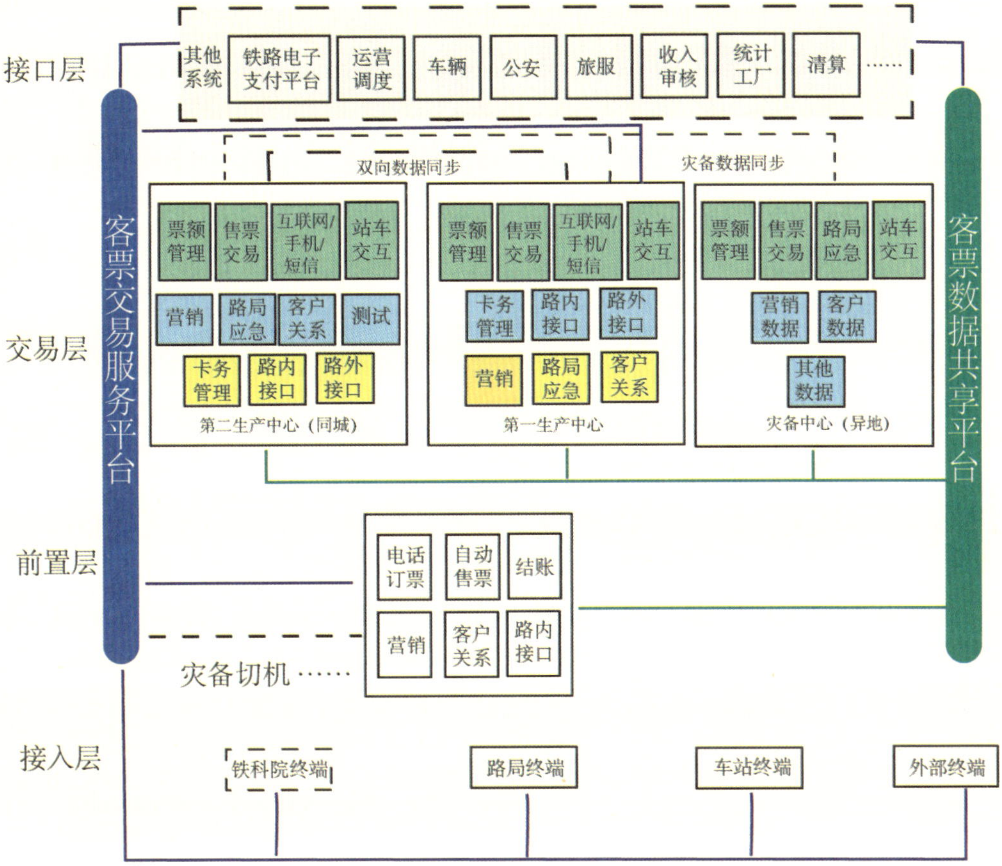

图 3.2 新一代客票系统业务关系图

"一票难求"的尴尬局面。

（1）互联网

铁路 12306 网站是唯一的互联网售票网站，提供售票、退票、改签等在线售票服务（图 3.3）。

（2）12306 手机 APP

基于铁路 12306 网站的手机移动售票程序，其功能与铁路 12306 售票网站一致（图 3.4）。

（3）人工售票窗口

提供售票、退票、改签、验证、补票、挂失补、中转签票、团体票、咨询等售票及现金和电子支付服务（图 3.5）。

高铁运营组织与管理

图 3.3　12306 官网

图 3.4　12306 手机 APP 界面

图 3.5（a）　售票大厅

图 3.5（b）　人工售票窗口

（4）自助售（取）票机

向具有二代身份证、带电子芯片的港澳通行证、带电子芯片的台胞证以及带电子芯片的护照等旅客，提供售票、换票、查询等服务（图3.6）。

图3.6　自助售取票机

（5）代售点

提供售票、验证咨询等售票及现金和电子支付服务（图3.7）。

图3.7　火车票代售点

（6）电话订票

提供查询、订票服务，须到人工窗口、自助售票机办理支付及取票服务。铁路电话订票号码为：95105105。

3. 不买票、不取票也能快速乘车

（1）不取票快速乘车

① 刷身份证进站乘车

电子客票由航空公司率先投入使用，是普通纸质车票的替代产品。铁路电子客票是以电子数据形式体现的铁路旅客运输合同，与纸质车票具有同等法律效力。旅客在12306网站订购车票后，可以凭二代身份证直接进站、过闸机、乘车、出站等，实现无票乘车。旅客凭电子客票，无需纸质车票也能坐车。

为提高客运服务质量、增强工作效率、减少运营成本，中国铁路正在扩大推进全流程电子客票工作，表现在以下几方面：

在购票环节上，自助售票机和窗口也将支持电子客票。

在身份证件上，将突破二代身份证限制，支持所有有效身份证件。

在办理手续上，乘车前，旅客自行打印乘车牌信息；检票时，实行严格第一次身份验证、第二次闸机检验的查验方式。

在表现形式上（主要指检票、乘车等环节），支持二代身份证、带芯片的港澳通行证件等。

在报销凭证上，支持纸质发票和电子发票。

② 凭二维码进站乘车

在2018年的第四季度，铁路电子客票将试点运营凭二维码进站乘车，部分线路的通道闸机（图3.8）内已安装嵌入式扫码引擎，以精准识别电子客票上的二维码，乘客可通过手机扫码直接进站乘车。此项措施将于2019年在全国高铁推广。

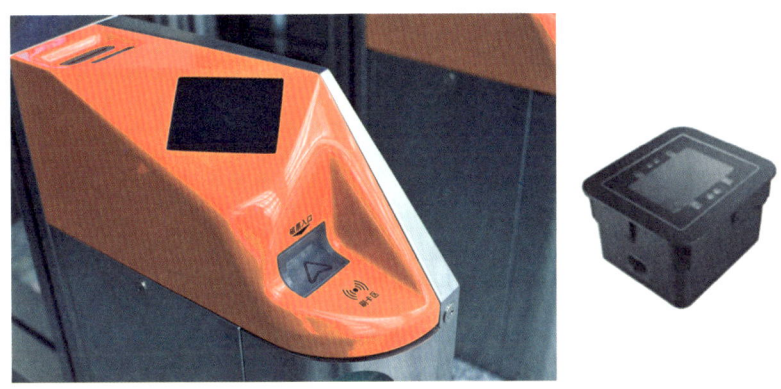

图 3.8　通道闸机及内嵌入式扫码引擎

乘客在购票后无须打印车票，只需用手机上购买车票后生成的二维码，对准通道上的闸机，即可完成对票证的核验，实现"无纸化"乘车。

（2）不买票也能坐车

IC 卡是一种非接触式储存射频卡，目前普遍使用于各种支付系统中，利用 IC 卡系统能够实现 IC 卡的发放、储值、支付、结算等功能。当 IC 卡作为乘车卡使用时，可以实现旅客无须购票，仅凭 IC 卡进出车站、乘车、出站的功能，其系统结构如图 3.9 所示。

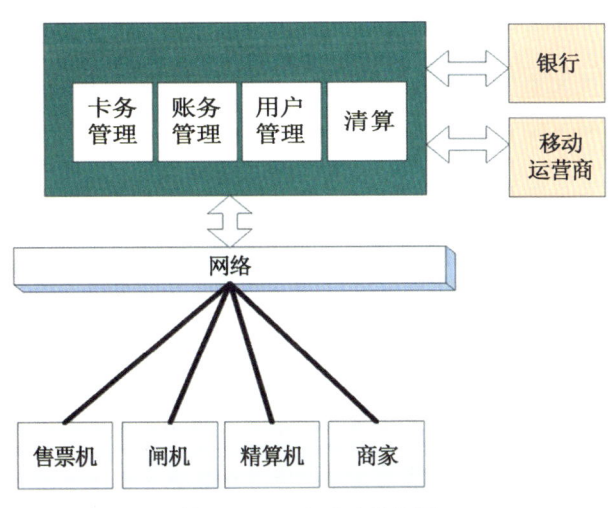

图 3.9　IC 卡系统结构图

目前铁路部门与中国银行合作，发行具有银联功能的中铁银通卡，中铁银通卡系统主要有卡务管理、账务管理、用户管理、资金清算等模块，主要功能有：

① 通过中国银行窗口、铁路窗口完成 IC 卡的发放、回收、充值、购票等功能。

② 旅客可以利用 IC 卡直接通过闸机进站、乘车，出站时检票机会自动从 IC 卡内扣除相应的乘车费用。

③ 可以作为定期车票使用，便于实现常旅客管理。

④ 作为电子钱包，还可以用作购买 IC 卡加盟店内商品的支付工具。

⑤ 实现用户间、用户与银行间的资金清算。

中铁银通卡的使用，不仅方便旅客购票、进站、乘车、出站，而且为铁路部门节约了大量纸质票资源，加快了车站候车资源利用效率，有助于缓解高峰期窗口售票压力，扩大了铁路企业经营范围等。

售票组织是运输组织的一个重要环节，但是没有科学、高效的运输组织，再好的售票组织也难以发挥其作用。由于旅客直接刷卡进站乘车，旅客乘车没有固定座位号，这是对传统售票组织的挑战，如何保证高铁旅客有序乘车以及列车超员程度可控，需要加强对高铁旅客运输的组织。以通勤旅客运输为例，基于大数据分析客流流向、流量，精心组织开行方案，保证高峰时期有运能、低峰时期有一定的开行密度，实现高铁列车公交化、周期化；另外，在高峰时段预留相当的席位，以供中铁银通卡旅客使用。

二、高速铁路如何管理票额

为了提高列车席位利用率，综合考虑沿途车站旅客需求的实际情况，以均衡运输为目的，在客票预售期之前，需要对列车票额进行分配。票额分配在运行图编制完成后进行，预分票额相对固定。这种传统的票额分配方式相对固定，调整环节复杂、工作量大，不能适用动态的客流需求，尤其是潮汐效应比较明显的高铁客流更不适用。因此，高铁票额管理采用席位自动预分、票额共用、席位复用等策略。

1. 票额共用

票额共用是动态票额的分配手段，其含义是指定车站全部或部分票额，按一定的时间策略，允许被列车运行径路前方一个或多个车站使用。票额共用实现了票额的动态共享，完善了票额分配计划，方便了旅客购票，提高了票额有效利用率。

如图3.10所示，G20次列车自A站始发，途经B、C、D站，最终到达E站。如果在最初给A站分配500张二等座的票，距离开车前一段时间售卖了200张，在A站仍剩余300张，此时为保证上座率，可以根据情况设定开车前某时间将这300张票供A、B、C站共用。举个普速铁路的实例，许多自东北南下的列车很多时候在天津都极难出现硬座票，但是在淡季有时会"多"出来不少硬座票，这就是始发站共用过来的票额，一般会有时间上的规定。共用过来的票额不是单独留给"天津"的，而是始发站到共用车站及之间的所有车站都可以使用。

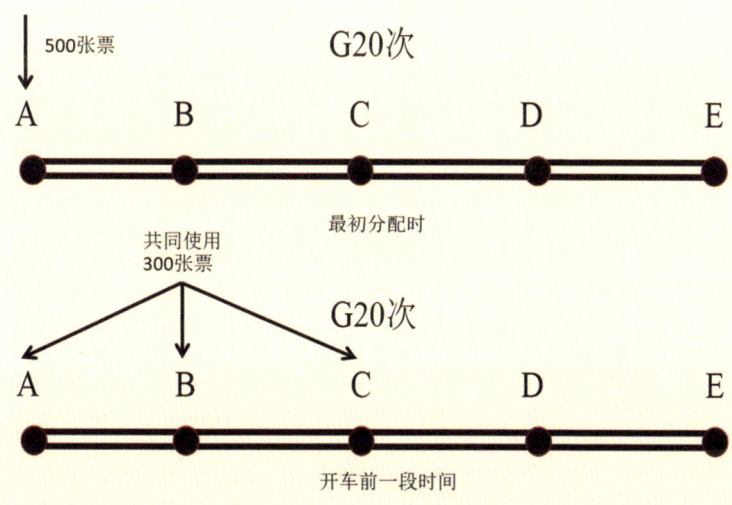

图 3.10　票额共用举例说明

2. 席位复用

席位复用是指列车席位售出后，如果售到站不是该席位的限售站，或乘车站不是该席位的起始站，那么剩余区段可以再次利用并生成新席位。席位复用改变原有票额一次利用的状况，避免列车运能浪费，实现列车能力利用最大化。

仍以图 3.10 为例，如果一张席位自 B 站发售至 D 站，那么剩余的 A—B 区段、D—E 区段还可以被利用，系统将产生一张 A—B 区段席位的客票和一张 D—E 区段席位的客票。

三、高速铁路如何管理客票收益

高铁列车由不同席别的车厢构成，通常包括一等座车厢和二等座车厢，其票价有一定的差异，其席位数目也不相同。如果考虑席位利用率的提高，可以采取在不同的客流需求（如工作日和节假日、高峰和非高峰季节）或全天不同的发到时刻，采取不同的价格策略。如购票的提前日期越长，票价打折幅度越大等等，以吸引更多的客流。这些策略被称为高速铁路的收益管理。

由于高铁客运产品的易逝性、运输供给能力的相对固定性、消费者需求的多样性和不稳定性、旅客出行的计划性，从本质上讲，收益管理就是采用一定的机制和策略，使得有限的供给能够与变化的市场需求达到一个平衡，从而实现企业收益或利润的最大化。其核心理念就是运用价格手段调节供求平衡，强调用收益驱动的经营理念取代成本驱动的经营理念，通过科学合理的价格策略和市场供给策略，来追求更多的收益，获得更高的利润。因此，收益管理在调整供求平衡、保证收益最大化方面具有重要意义。

1. 调整供求平衡

客流市场是变化、波动的，如果铁路按照最大需求去配备运能，那么可能会造成较大的运能浪费。如何平衡有限的运能与波动的市场需求？通过大数据分析及客流预测，可以了解未来一天内各时间段客流市场需求。而在高峰时期运能有限，可以通过差异价格，即高峰时段提高价格、非高峰时段降低票价，从而将高峰时段对价格敏感的部分客流吸引到非高峰时段，实现平衡供求的目的。运能与需求的关系如图 3.11 所示。

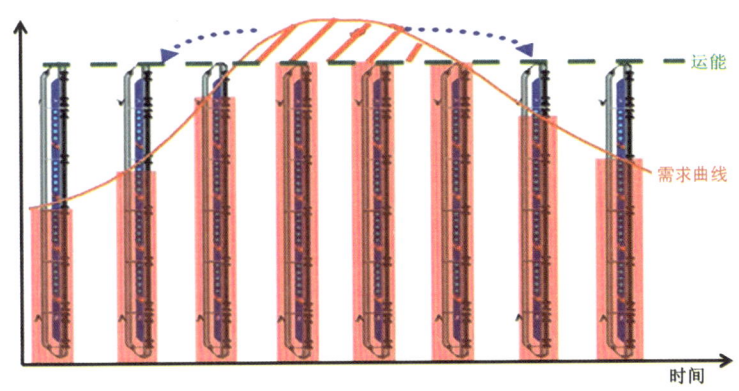

图 3.11　运能与需求曲线

2. 收益最大化

根据经济学基本原理，如果给出价格与需求的关系曲线，则曲线与坐标轴所围成的面积即为商品或服务提供者的理论可获得收益。然而，当所有商品只设定一种价格的时候，收益只是曲线上某个点横纵坐标所围成的长方形的面积。如果进行多等级的差别定价，可有效地获得更多的收益，减少潜在收益的流失。采取这种方式，既可以满足价格敏感性差的"刚需"用户并收取原定价格，又可以通过提供高端的商品或服务给要求较高的高端客户，还可以以较低的价格优势诱增对价格敏感的新需求，从而最大限度地增加潜在收入的实现（图 3.12）。

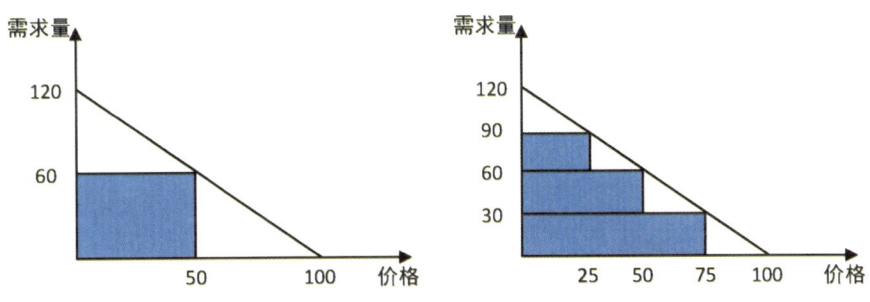

图 3.12　单一票价和多种票价下的收益（阴影部分的面积）

四、常旅客会员积分与服务

2017年12月16日,铁路推出了"铁路畅行"常旅客会员服务,在12306官网上公布了具体的会员服务手册。"铁路畅行"常旅客会员服务是由中国铁路总公司运营,旨在进一步优化铁路客运服务的有效供给,为广大常旅客会员提供多样化、个性化的普惠服务。通过"铁路畅行"常旅客会员服务,乘客将通过多种渠道获得铁路积分,享受更多会员权益,并可为本人及指定受让人兑换车票并享受铁路持续推出的积分奖励服务。

1. 常旅客会员相关概念

常旅客会员是指旅客本人申请并通过铁路常旅客身份认证的自然人。年满12周岁的自然人,都可以通过www.12306.cn网站、铁路12306手机APP,或者铁路车站设立的会员服务窗口,申请成为会员。

乘车积分是指会员购买参与积分累积的列车车票并实际乘车到站后获得的积分。常旅客会员购买参与积分累积的列车车票并实际乘车到站后,可以获得积分累积。

活动积分是指会员通过参与铁路开展的主题活动所获得的积分。

升级积分是用于评定会员星级的积分,来源于乘车积分和铁路发布的其他可用于评定会员星级的积分。

积分受让人是会员设置的可共同享受积分兑换车票或服务的自然人。

2. 会员账户及功能

每名会员只可以拥有一个会员账户,凭提供的有效身份证件为依据,不接受同一人重复申请,也不接受公司或其他法人实体的申请。申请为会员的有效证件包括:中华人民共和国居民身份证、港澳居民来往内地通行证、台湾居民来往大陆通行

证、外国居民按规定使用的护照。申请成为会员后,可使用以下几种功能:

（1）信息查询

会员可通过12306网站、车站设立的会员服务窗口、12306客服电话查询账户信息。

（2）信息修改

通过12306网站、车站设立的会员服务窗口,会员可修改除姓名、有效身份证件类型及号码以外的账户信息。

（3）密码重置

会员本人持有效身份证件,在车站设立的会员服务窗口办理账户密码重置。

（4）注销账户

会员本人应持申请时所使用的身份证件原件,到车站设立的会员服务窗口办理。会员账户注销后,账户内积分全部作废。

（5）受让人

每名会员最多可设置8名不含会员本人的受让人,受让人在添加成功60天（含当天）后生效。受让人设置渠道有以下3种:

① 车站设立的会员服务窗口:会员持本人有效身份证件及受让人证件原件或复印件前往办理。

② 车站自动售票机:持会员本人居民身份证及受让人居民身份证原件前往办理。

③ 12306网站或铁路12306手机APP:登录会员账户,根据系统提示设置受让人。

【知识链接】一张车票的旅程

一张车票从被旅客购买开始,直至使用完毕,大致经历了"购票—取票—验票—检票—验票"等环节的旅程。

购票:旅客通过售票窗口、自助设备、互联网等方式购买

车票。在12306网站进行用户注册，在首次购票前需要携带身份证件，到车站窗口对身份信息进行核验。这个环节称为验证。

取票：旅客购买电子车票后，需要换取纸质车票时，可以通过窗口或自助取票设备换取纸质车票。

验票：取好票后，旅客需持身份证和车票两个凭证进站，验票后方可进站，同时对行李进行安检，确保进站安全。

检票：旅客在候车室休息后，在离列车发车前的一段时间，由车站组织检票后进入站台。检票有两种方式，一种是车站工作人员对车票确认后进行加剪（主要在既有铁路车站采用）；另外一种是自助检票机检票，将车票正面朝上，插入卡槽，等车票弹出，即可以通过闸机，目前已广泛运用在高铁车站。

验票：旅客到站之后，按照引导指示标志到达车站出口处，和进站情况类似，可以选择自助检票出站，也可以在人工检票口出站。

目前，铁路系统正在逐步推广电子客票。届时，无纸化的客票流程将会发生很大的变化，或许一部手机就能完成全部的出行过程，又或许通过指纹识别或脸部识别等手段，只需要在进站前刷个脸或验一下指纹，就可以完成整个旅行流程。未来，高铁客票系统将会不断完善，给旅客带来全新的体验！

【知识链接】积分累积及兑换规则

常旅客会员积分累积及兑换的常见问题解释如下：

（1）哪些车票不参与积分累积？

以下三种情况暂不参与乘车积分累积：

① 国际列车、往返香港列车、非国有控股企业担当列车等铁路指定的列车车票；

② 积分兑换的奖励车票；

③ 列车补票、到站补票、代用票、非实名制车票等。

（2）乘车积分怎么计算？

乘车积分＝票面价格×5，积分以"分"为单位，按四舍五入取整计算。

积分在会员实际乘车到站后 5 日内自动进入本人账户，不能转让。

积分自进入账户当日起，连续 12 个月有效，到期未兑换的积分自动作废。

（3）发现积分有问题怎么处理？

会员若发现乘车积分有遗漏，须在车票载明的开车日期后 90 日内（含当日）通过 12306 网站、车站设立的会员服务窗口、12306 客服电话提交积分补登申请。

会员若发现活动积分有遗漏，需在活动结束后 30 日内（含当日），通过 12306 客服电话提交积分补登申请。

会员可在铁路部门接受申请 7 日后，通过 12306 网站、车站设立的会员服务窗口、12306 客服电话查询补登结果。

（4）积分如何兑换？

会员可通过 12306 网站、铁路 12306 手机 APP 或车站设立的会员服务窗口办理积分兑换车票。会员账户积分首次累积达到 10 000 分时，即可用于兑换车票。积分允许兑换的车次以 12306 网站查询结果为准。兑换车票时，100 积分等价于 1 元人民币。会员可为本人或指定的受让人兑换车票。会员在车站设立的会员服务窗口为本人兑换车票时，持身份证件原件、消费密码办理；为受让人兑换车票时，还需要提供受让人有效身份证件原件或复印件。

会员进行积分兑换时，按照先累积的积分先消费的原则使用积分，积分兑换时只允许使用本人账户，不可透支，不可与其他支付方式混合支付。积分兑换的车票不办理退票、变更到站业务。会员通过 12306 网站或铁路 12306 手机 APP 兑换的车票，取票流程比照现行互联网取票流程办理。

因不可抗力或铁路责任造成兑换车票不能使用时，可办理

兑换车票退票手续，退票后兑换时所用积分将全部返回会员账户，并重新计算有效期。

（5）会员星级如何评定？

申请会员成功后，初始状态为二星级会员。三、四、五星级会员评定标准如表 3.1 所示：

表 3.1　高等级会员评定标准（单位：万升级积分）

会员星级	三星级	四星级	五星级
评定标准	5	15	25

会员升级评定每日执行一次，连续 12 个月内升级积分达到标准，即升级为相应星级会员。会员升级后，相应星级资格有效期为连续 12 个月。三星级、四星级、五星级会员资格到期前进行保级评定，会员星级按评定日前连续 12 个月累积的升级积分进行核定。保级评定后，仍为三星级、四星级、五星级会员的，相应等级会员资格在评定次日生效，有效期为连续 12 个月。

第四章

高铁列车运行图编制

一、何为列车运行图及为何编制列车运行图

二、列车运行图中包含的要素

三、列车运行图的几种类型

四、如何看懂列车运行图

五、如何编制列车运行图

当你在时刻表上查阅密密麻麻的列车车次,当你在车厢里看到窗外一列列高速交会的列车,心中不禁会产生这样的问题:高速列车是按照怎样的规则编排?按照怎样的次序上线运行?又是按照怎样的关系交会与越行、停站与通过的呢?新闻里经常提到的列车运行图是什么样子的?有哪些作用?本章将带你进入高速铁路列车运行图的奇妙世界。

一、何为列车运行图及为何编制列车运行图

列车运行图是利用坐标原理描述列车在轨道上运行的时空关系，直观显示列车在沿途各站到达、出发、停站或通过的时间，是各类列车在沿途各区间运行状态的一种图解形式。简单地说，列车运行图就是中学物理学中所学的"距离—时间"关系曲线。我国列车运行图的纵轴为列车沿途运行的距离，被不同的站间距切分，横轴为一天 24 小时的时间轴。图上的斜线即为列车运行线，向右上方运行的为上行列车运行线，向右下方运行的为下行列车运行线，斜率代表列车的运行速度，如图 4.1 所示。

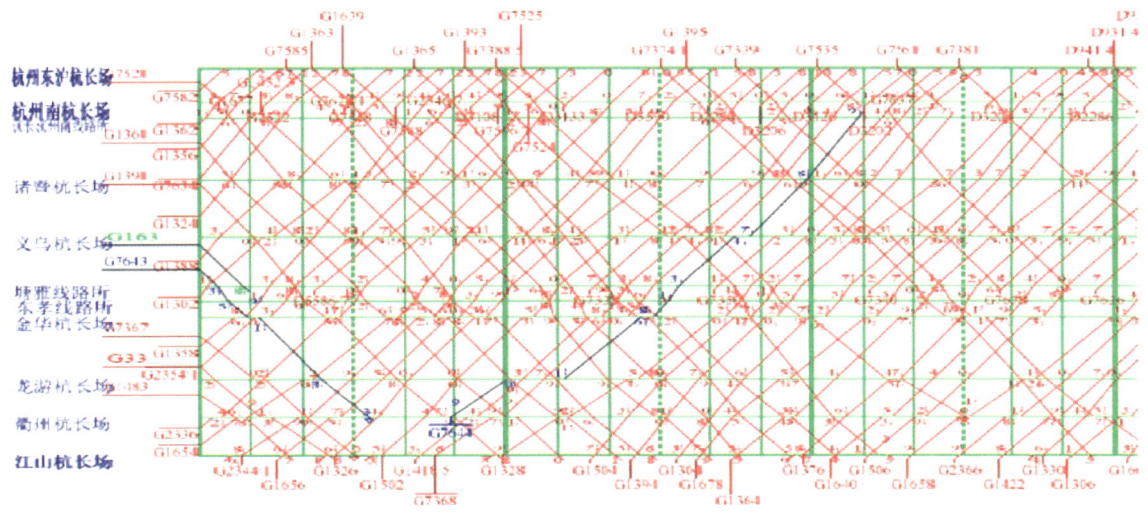

图 4.1　高速铁路列车运行图（局部）

我国列车运行图以横轴表示时间，纵轴表示距离，俄罗斯、日本等多数国家的铁路均采用这种形式的运行图。但也有一些国家与之相反，如德国、瑞士等，以纵轴表示时间，横轴表示距离。

列车实际运行时，由于线路平纵断面（平面和纵断面的简称）的参数不同，即曲线半径和坡道坡度不同，列车运行速度

有很大的波动。此外，由于列车进出车站时起车和停车需要，列车速度也有很大的变化。因此，真实的列车运行线本应随着速度的变化画成曲线，但为了运行图铺画的方便，均以斜直线表示，且斜直线的表示方法能够满足运输组织的需要。

高速铁路列车运行图一般铺画的都是速度在200公里/小时以上的高速动车组列车。与客货混跑的既有铁路不同，运行图上铺画的都是旅客列车运行线，主要分布在符合人们出行习惯的6:00～24:00范围内，夜间则主要是高速铁路综合天窗维修时间。

由于国民经济发展水平和人民群众出行需要的不断提高，人们对列车开行数量和质量的要求也随之提高。此外，铁路新线的不断开通运营以及线路的改造或技术设备升级等，引起铁路运输能力的提升。这些变化都要求重新编制列车运行图。列车运行图综合反映了铁路工作的各种质量指标和数量指标，编图时应充分考虑"人民铁路为人民"的服务方针，如考虑方便旅客出行、尽量安排在合适的时间到发、充分兼顾沿途各站需要等。

列车运行图是组织全线列车运行的基础，通常以一天为周期。由于列车运行图规定了各次列车在每个车站的到达、出发、通过时刻，在区间的运行时间、在车站的停站时间、在折返站的折返时间以及列车占用区间的先后次序，规定了列车的重量、长度以及运行交路等，因而运行图也规定了铁路线路、站场、通信信号、动车组车底等设施设备占用的顺序与程度（统称为"设备运用"）以及与行车有关的各部门的工作要求。因此，列车运行图是铁路运输工作的综合计划，是铁路行车组织的基础，是协调铁路各部门、各单位按一定程序进行生产活动的工具，也是铁路与旅客、与社会联系的纽带。

二、列车运行图中包含的要素

1. 区间运行时分

区间运行时分是指列车运行于两个车站之间所需要的时

间，是按不同种类列车在每一区间分别上下行，通过分析计算和实际查定后最终确定的。各种列车的区间运行时分，除了按照列车通过车站的条件计算和查定外，由于列车在车站起车、停车和通过速度有变化，还要查定列车在各车站的起车和停车附加时分。

区间运行时分是按车站中心线之间的距离进行计算的，如图 4.2 所示。

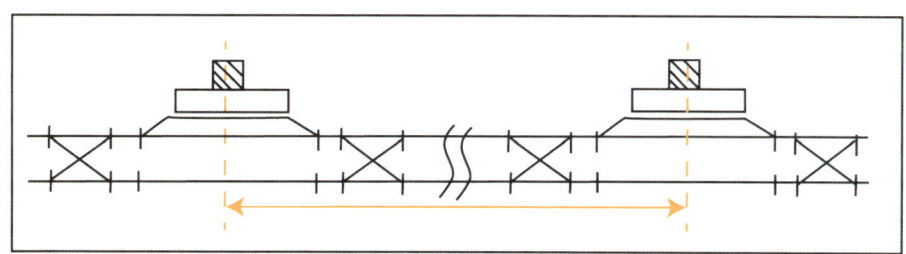

图 4.2　区间长度计算方法

列车不停车通过区间两端车站所需的运行时分，称为"区间纯运行时分"；列车由车站起动出发比不停车通过车站所增加的运行时分，称为"起车附加时分"；列车到站停车比不停车通过车站所增加的运行时分，称为"停车附加时分"。三者统称为列车的区间运行时分。

2. 列车在中间站停留时间

列车在中间站停站时间主要是指列车在中间站办理必要作业所需要的最小时间。目前，我国高速铁路动车组的上水、排污等作业通常在动车段或动车运用所以及拥有相关吸污设备的始发站进行，中间站一般只办理旅客乘降作业（有时有待避等其他少量的技术作业），动车组在中间站的停站作业主要包括：

① 动车组在到发线上规定位置停稳后司机开启车门；
② 旅客上下车；
③ 开放出站信号；
④ 列车长在旅客乘降完毕后，通知司机关闭车门；
⑤ 司机确认行车凭证后开车。

从上述作业流程中可以看出，影响动车组中间站停站时间的因素主要包括：开启／关闭车门时间、中间站乘客的乘降量、旅客平均上车／下车时间、列车长通知司机时间、开车确认时间。目前由于采用了高站台、取消了行李车、组织两端车门分别上下等，列车在中间站的停站时间已经大为压缩了。

3. 车站间隔时间

列车在车站的间隔时间，是指车站为保证列车运行安全，办理列车到发和通过作业所需要的最小间隔时间。主要有相对方向两列车不同时到达的间隔时间、会车间隔时间，同方向列车连发间隔时间等，如图 4.3 所示。

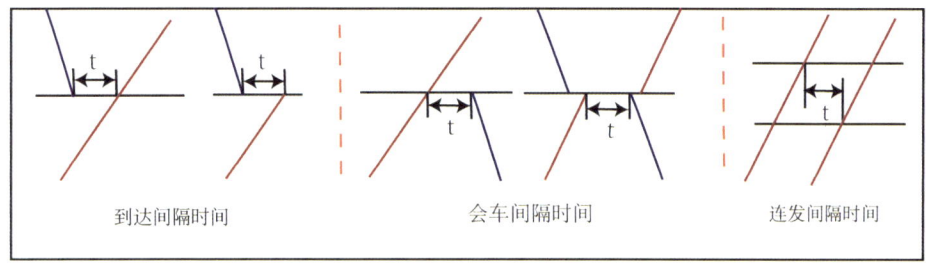

图 4.3　列车在车站作业间隔时间

另外，高速铁路都安装有自动闭塞设备，在装有自动闭塞的线路，同方向追踪运行的列车，彼此间以闭塞分区相间隔所需要的最小间隔时间，称为"追踪列车间隔时间"。

4. 运营时间与综合维修天窗

列车运行图是行车组织工作的核心，除列车运行满足安全、正点要求外，一张合格的列车运行图，还要能为旅客提供方便的乘车条件，满足不同列车开行时间范围的要求。例如，对于始发、终到列车，其到发时刻应在 6:00 ～ 24:00 范围内，再结合列车在途旅行时间，可进一步推算具体的合理时间范围；针对通勤（学）、早出晚归的客流，应在相应的车站尽可能安排朝发（如 7:00 ～ 9:00）夕归（如 17:00 ～ 19:00）的列车，在该时段加大列车密度；对于城际铁路，除了高峰时段组织列车高密度、公交化开行外，其他时段也应尽可能均衡铺画以便于旅客的随到随走；此外，列车种类及车次应尽可能有规律以方便旅客记忆；等等。

高速铁路综合维修主要是指针对线路、供电、通信信号等固定设备进行多工种的日常维护和检修。在列车运行图上预留的用于维修施工所需要的行车"空隙"，称为"天窗"。它是解决列车运行与设备维修施工之间矛盾的技术措施。

在高速度、高密度行车条件下，综合维修天窗开设形式和维修时间的确定，对铁路通过能力、行车组织方式有很大的影响。我国高速铁路综合维修所需要的时间一般为 4 小时，一般开设在夜间 0:00 ～ 6:00 之间，且综合维修天窗内禁止行车，天窗开设时间越长，对线路通过能力的影响越大，也加大了夜间长途行车的夕发朝至列车的组织难度。

三、列车运行图的几种类型

1．按使用范围划分

按使用范围划分，列车运行图可分为铁路内部使用的列车运行图和社会使用的列车运行图两大类。

（1）内部使用的列车运行图

它是铁路组织运输生产的依据，涉及铁路内部"车、机、工、电、辆"多个部门以及许多工种与岗位，是铁路实现"按图行车"的重要技术文件，是确保铁路运输产品质量的基础。通常以列车运行图形式提供使用。

（2）社会使用的列车运行图

运行图除了是铁路运输产品的供销计划，对社会用户来说，则是旅客安排旅行计划、货主安排货物销售计划的依据。在我国，有旅客列车时刻表、"五定"班列时刻表等供社会使用。旅客列车时刻表和班列时刻表就是社会使用的列车运行图，应在新运行图实行之前向社会公布。

2. 按区间正线数划分

按线路区间正线数量进行划分，列车运行图可分单线运行图、双线运行图以及单双线运行图。

（1）单线运行图

在单线区段，上下行方向列车都在同一正线上运行，因此，两个方向列车必须在车站上进行交会，列车越行也必须在车站上进行。

（2）双线运行图

在双线区段，上下行方向列车在各自的正线上运行，因此，上下行方向列车的运行互不干扰，可以在区间内或车站上交会。但列车的越行必须在车站上进行。需要指出的是，为了保证必要的通过能力，高速铁路都是双线运行图。

（3）单双线运行图

单双线运行图即部分为单线、部分为双线的铁路线路。也就是说，在单线线路上有部分双线，单线区间和双线区间并存，各自按照单线运行图和双线运行图的特点，铺画全区段运行线。

3. 按上下行方向列车数划分

按上下行方向开行的列车数是否相等，列车运行图可分成对运行图和不成对运行图两类。

（1）成对运行图

这是上下行方向列车数相等的列车运行图。因为高速铁路是客运专线，旅客列车是成对铺画的，故高速铁路一般都是成对运行图。

（2）不成对运行图

这是上下行方向列车数不相等的列车运行图。在特殊时段或者特殊的区段，高速铁路也可能是不成对运行图。

4. 按同向列车运行方式划分

按照同方向列车运行方式的不同，列车运行图可分连发运行图和追踪运行图两类。

（1）连发运行图

在这种运行图上，同方向列车的运行以站（所）间区间为间隔。由于闭塞设备的限制，只有待前行列车到达前方站（线路所）之后，后行列车在一个作业时间之后才能向同一方向发车（图4.3最右侧图例）。单线区段采取这种运行图时，在连发的一组列车之间不能铺画对向列车。

（2）追踪运行图

在这种运行图上，同方向列车的运行以闭塞分区为间隔，在装有自动闭塞的单线或双线区段上采用，高速铁路普遍采用追踪运行图。

5. 按列车运行速度划分

按列车运行速度是否一致，列车运行图可分平行运行图和非平行运行图两类。

（1）平行运行图

在同一区间内，同一方向列车的运行速度相同，且列车在区间两端站的到达、出发或通过的运行方式也相同，因而列车运行线相互平行，如图4.4（a）所示。

（2）非平行运行图

在运行图上铺有各种不同速度的列车，列车在区间两端站的到达、出发或通过的运行方式不同，因而列车运行线不相平行，如图4.4（b）所示。

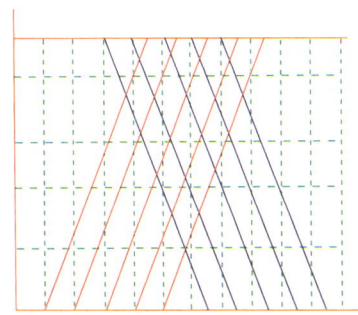

图 4.4（a） 平行运行图

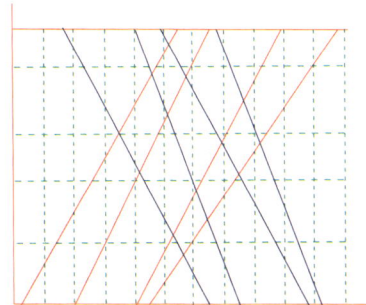

图 4.4（b） 非平行运行图

上述分类都是针对列车运行图的某一特点而加以区别的。实际上，每张运行图同时具有多方面的特点。例如，某一区段的列车运行图，它可能既是双线的、非平行的，又是追踪的。

四、如何看懂列车运行图

如前文所述，我国铁路采用的列车运行图绘制形式是以横轴表示时间、纵轴表示距离。水平线表示沿途各车站的中心线，两条车站中心线之间的间隔表示站间距离；垂直线表示时间。根据不同用途，按时间划分可分为二分格运行图（即垂直线每格表示 2 分钟）、十分格运行图（横轴以 10 分钟为单位，用细竖线加以划分，半小时用虚线表示，整时则用较粗的竖线表示，如图 4.5 所示）、小时格运行图（横轴以 1 小时为单位用细竖线加以划分，如图 4.6 所示）。斜直线表示列车运行线，线条向右上方运行的为上行线，向右下方运行的为下行线；斜线用不同的粗细、不同的颜色，表示不同种类的列车运行线。

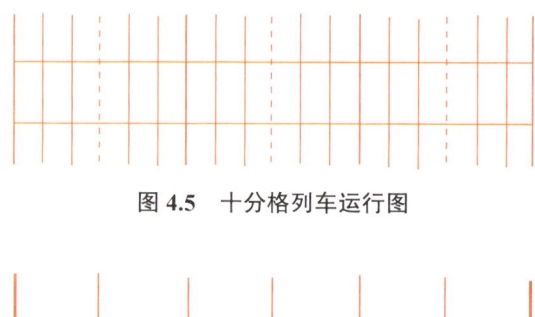

图 4.5　十分格列车运行图

图 4.6　小时格列车运行图

常见的列车运行线关系如图 4.7 所示。图中，A 站至 F 站由下而上的方向为上行方向，F 站至 A 站为下行方向。以 D2

次列车为例，运行线旁的数字表示列车在站"到、发、通"的时刻。其中，停站时间可以通过到发时刻相减得到。G2 次列车运行至 C 站停站作业，同时待避 G4 次列车通过后再次出发运行，这个过程称为列车越行（G4 越行了 G2），或称为列车待避或避让（G2 待避了 G4）。

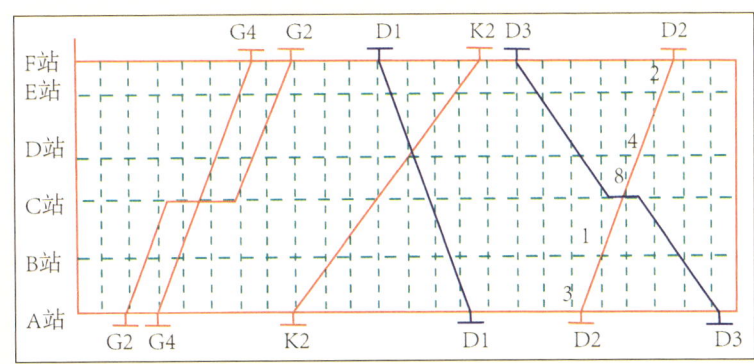

图 4.7　列车运行图举例

对于单线铁路或者双线铁路有进路冲突的车站，上下行列车在站进行交会作业，如 D2 次列车与 D3 次列车在 C 站交会。双线铁路上、下行列车各行其道，可以在区间完成列车交会，如 D1 次列车和 G6 次列车在 DE 区间完成交会过程（图 4.7 仅是举例说明，与实际运行图有所不同）。

五、如何编制列车运行图

1. 高铁列车运行图编制特点

高速铁路无论在技术装备、运输组织还是在运输服务上，都与普速铁路有着显著的差别。高速铁路通常都是客运专线，只开行旅客列车，旅客列车都具有基本相同的运输组织要求，如高速度、高密度、高正点率、高可靠性、高服务质量、高市场占有率及高社会经济效益，其行车组织及列车运行图的编制除了列车数量大、时间要求高外，与既有线相比，在技术上也有其特定的要求。

(1)高铁运行图的稳定性

旅客运输的安全、快速、准确、便捷、舒适，是高速铁路吸引客流的主要优势，要切实体现这些优势，除技术上需提供必要的保障外，列车运行图编制是否科学合理也极为重要。高速铁路列车速度高、密度大，列车之间联系紧密，一旦出现干扰，列车调整困难。特别是在高峰时段高峰客流特征明显，列车开行密度大。因此，编制高速铁路列车运行图时，要在保证运输能力的基础上，合理安排各列车的到发时间，并在适当的时间与空间加入缓冲时间，使列车运行图具有较好的抗干扰性与自我恢复能力。

(2)不同速度高速列车、本线与跨线列车运行线的协调优化

我国高速铁路目前大都采用共线运行模式，多种速度的列车共线运行，有最高运行速度在300～350公里/小时的G字头列车，有运行速度在200～250公里/小时的D字头列车。这些列车停站数量不等、旅行速度也不相等，具有列车折返时间短、接续时间紧的特点，每列车均要求高品质的运输服务。因此，一般不允许以牺牲部分列车的服务质量来提高其他列车的服务质量。

我国铁路客流具有平均运距长、跨线客流比重大等特点，除了协调两类高速列车以减少不同速度等级列车间的运行干扰外，还要兼顾本线与跨线列车的运行组织，合理铺画不同种类列车运行线，保证跨线列车的合理衔接，从而有效利用高速线和既有线的通过能力，缩短旅行时间，提高服务质量。

(3)高速列车运行线与综合维修天窗的协调优化

为了保障高速铁路的行车安全，需要开设较长时间的综合维修天窗。我国高速铁路采用矩形综合维修天窗，安排在0:00～6:00时段内，且天窗内禁止行车。天窗的开设不仅缩短了列车运行图中可供列车运行的时间，且人为地将列车运行图分割为两部分，存在较大的非运营无效时间，对高速铁路通

过能力造成了较大影响。

随着高速铁路逐渐成网，长途跨线高速列车开行数量将越来越多，如何有效组织高速列车利用夜间运行、充分利用高铁通过能力的问题日益凸显。因此，高速列车运行线的铺画应与综合维修天窗的开设进行综合优化。

（4）高速铁路列车运行线与动车组运用计划的协调优化

列车运行图是列车运行的综合计划，规定了各次列车始发终到的车站及时间，而这些列车都必须由具体的动车组来实现，列车开行数量受动车组数量制约，同时，列车运行线的分布决定了动车组需承担的运输任务，单从动车组运用计划的优化问题着手，并不能从根本上解决动车组的运用数量问题，必须将运用计划与列车运行线铺画进行综合优化，才能从整体上提高动车组的运用效率和列车运行计划的质量。

2. 高铁列车运行图编制原则与步骤

基于上述行车组织的特点，高速铁路列车运行图的编制应遵循如下原则：

① 在严格遵守各种间隔及时间标准的基础上，尽可能压缩列车停站与折返作业时间，合理安排列车停站，以发挥列车技术速度，提高列车旅行速度，提高动车组运用效率。

② 高速铁路列车运行图的编制原则上纳入全路编图工作，先编制跨线高速列车运行图，后编制本线列车运行图。列车等级按速度等级划分，速度高的列车等级高于速度低的列车，低等级列车应尽量减少对高等级列车的影响，高等级列车可越行低等级列车。

③ 适应高速铁路客流特点，最大限度满足旅客出行需要，尽可能按时段、不同频率铺画列车运行线；同时，处理好列车密度、列车种类、到发时刻、动车组运用和综合维修天窗设置等方面的关系。

④ 协调好高速铁路与既有线的衔接，尽可能提高两线通过能力。兼顾均衡铺画的原则，充分利用线路和车站的通过能

力，使高速列车运行与高速客运站的技术作业过程相协调，减少各种列车间的越行与避让，同时使列车运行图保持合理的弹性。

基于上述四点原则，我国铁路列车运行图编制过程分为以下几步：

① 在编图前的适当时间，各铁路集团公司提出跨线、本线列车开行方案建议。

② 各种列车运行图数据资料的处理与审定。编图前，审核各铁路集团公司的相关资料，如区间运行时分、起停车附加时分，施工天窗时间，列车停站及时间，各种列车间隔时间标准等。

③ 全路统一确定直通列车开行方案，包括列车运行径路、开行对数。在此基础上，铺画直通列车运行方案图，主要解决以下问题：列车运行与动车组周转相协调，直通列车与管内列车相协调，与其他交通方式在开行时间上的竞争与配合，列车运行与客运站技术作业过程和能力配合，在始发终到时刻及通过主要城市时刻与方便旅客出行的关系等。

④ 编制列车运行详图。在直通列车方案基础上，编制高速直通列车运行图、高速本线列车运行图，确定所有列车到发或通过车站的具体时刻、占用区间顺序等。

⑤ 列车运行图编制完毕，编制列车时刻表，计算列车运行图技术指标，为新图的实施做好准备工作。

3. 高铁列车运行图铺画方法

合理确定高速铁路列车铺画顺序，可减少列车运行线间隔检查与调整次数，提高编图效率。高速铁路列车运行图可按以下顺序进行编制。

（1）列车运行线按等级高低顺序铺画

首先将高速列车按性质及运距划分等级，按照等级高低顺序铺画列车运行线。在等级划分的过程中，应考虑两类速度等级列车共线运行的组织模式，兼顾高等级高速列车的有利发到时刻和均衡性，以及跨线高速列车与其他相关线路时间的衔接。若先铺画高等级列车，会导致低等级高速列车旅速大幅度下降，可铺画时间带变窄，甚至会有部分低等级高速列车无法铺画；若先铺画低等级高速列车，不仅不能保证高等级列车的有利发车时刻，而且，当两类高速列车运行线发生冲突时，不可避免地要调整已铺画的低等级高速列车运行线，使其待避高等级列车，这样就会打乱原有低等级高速列车运行线，当调整幅度较大时调整起来也比较困难。

综合目前各类高速列车性质，将列车划分等级为：中长途 G 字头高速列车，跨线 D 字头高速列车，短途 G 字头高速列车，短途 D 字头高速列车等。

① 中长途高等级高速列车运行线的铺画。中长途高等级高速列车运行线所形成的基本框架，对整个列车运行图的布局以及能力利用起着决定性的影响。因此，其分布应尽量做到均衡，为其他等级列车运行线的铺画创造条件。

② 跨线 D 字头高速列车运行线的铺画。跨线 D 字头列车运行线的铺画，要求与全路直通列车方案相衔接，并保证一定的旅行速度。

③ 短途高等级高速列车运行线的铺画。短途高等级高速列车运行线，一般利用中长途高等级高速列车运行线与跨线 D 字头列车运行线之间的空隙插入铺画。为了不影响跨线 D 字头列车运行线与客车方案的衔接，并照顾已建立的整体框架，原则上不应调整已铺运行线，只在特殊情况下，允许进行微量调整。

④ 短途 D 字头高速列车运行线的铺画。短途 D 字头列车运行线不存在与客运方案的衔接问题，一般跨越区段较少，因此，始发终到时刻的选择范围相对较大，可采取插空档的方法铺画。

（2）同级列车按出发时刻先后顺序铺画

列车运行线按等级由高至低的顺序铺画，对同等级列车，

首先按出发时刻先后进行排序，然后顺序铺画列车运行线。

（3）高等级及先铺画列车具有优先权

在运行线铺画及间隔调整过程中，当正在铺画的列车运行线与已铺画列车发生冲突时，先调整本次列车，然后再调整与其冲突列车，这样可减少检查、调整次数，提高铺画效率。

【知识链接】旅客"眼中"的列车时刻表

当我们在12306手机APP上搜索从某城市（如北京）出发到另一城市（如上海）的列车时，会出现如图4.8（a）所示的从北京出发到达上海的全部列车（节选），再选某一车次（如G151次），就会出现如图4.8（b）所示的列车运行时刻，可以清晰地看见沿途列车停站及其到达、出发时间。这就是大家日常所见的列车时刻表。

 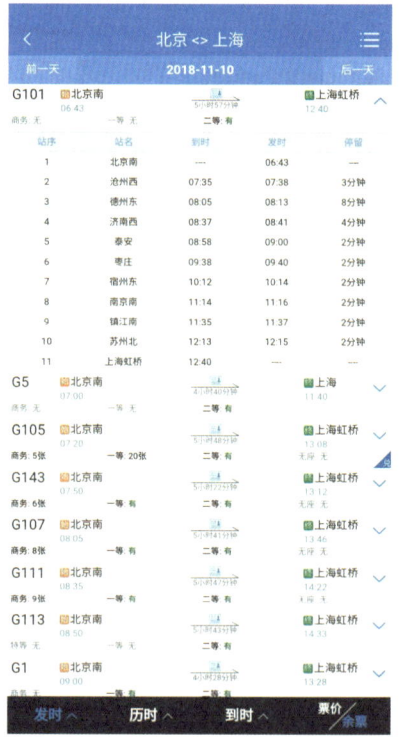

图4.8（a） 12306列车时刻表　　图4.8（b） 12306列车站次及时刻表

然而，对于铁路工作者而言，他们"眼中"的列车时刻表可不是上面这么简单，他们眼中的"列车时刻表"是由"列车运行图"演化而来的，如图 4.9 所示。

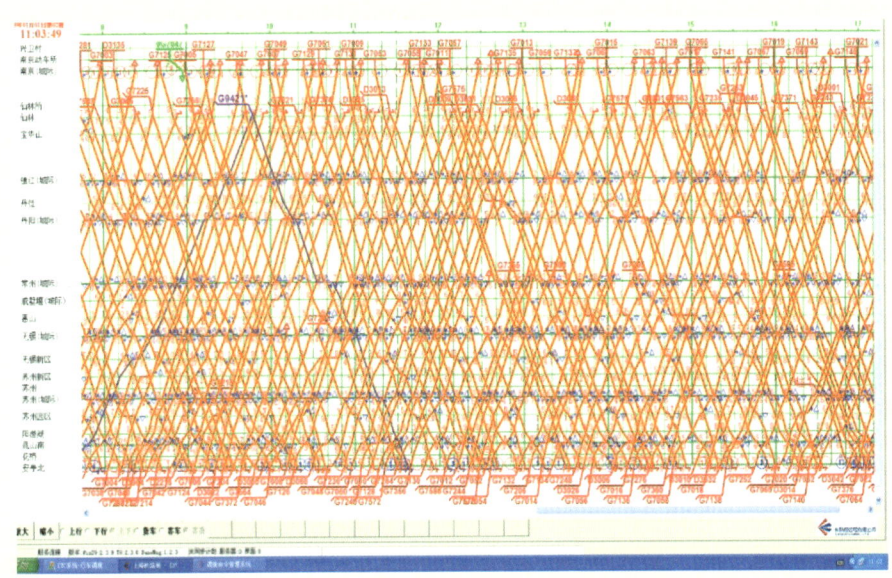

图 4.9　铁路 CTC 系统呈现的运行图子系统

图 4.9 中，列车运行图内的每一条斜线，就代表一趟列车，上面记载了列车车次、在各站到达出发的时刻、停车股道、是否"让车"（一般称"待避"或"避让"）或"超车"（一般称"越行"）等信息。选取某一趟列车，可以清晰地看见运行图中包含的列车信息，如图 4.10 所示。铁路的列车调度

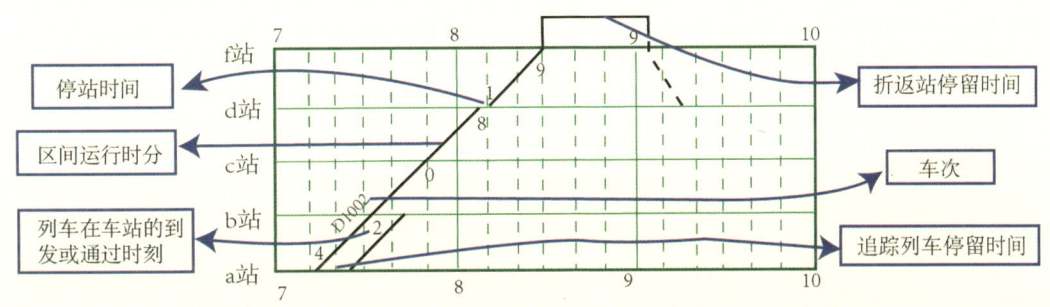

图 4.10　运行图中某一列车运行线示意图

人员就是凭借这样的运行图指挥行车，以保证列车安全、正点地穿梭在各个区间。

由此可见，旅客所看见的时刻表能够简单、清晰地显示列车到站、停站和出站的时间，是铁路编图人员在认真、细致、系统地对所有列车、所有车站、所有时间、所有设备、所有作业进行统筹安排后，形成的优化了的列车运行图，而时刻表就是面向社会、面向旅客的一种简明运行图。

【知识链接】列车运行组织相关知识

列车，是按《铁路技术管理规程》、列车编组计划和列车运行图的有关规定编组成列，并挂有机车（动车组列车挂有动车）及规定的列车标志的整体。按运输性质不同分为旅客列车、行邮行包列车、军用列车、货物列车、路用列车等。

列车车次，是以数字或字母加数字表示的列车编号。对每一列车赋予车次，是为了便于区分列车性质、种类、运行方向及开行范围，组织列车运行和进行各项作业。

上（下）行列车，即在上（下）行方向线路上运行的列车，车次编为双（单）数。中国铁路规定：原则上以列车开往北京方向或由支线开往干线方向为上行方向；反之为下行方向。对一些难以按此原则确定上、下行方向的线路，由总公司或铁路集团公司另行规定。

列车重量，又称牵引重量。列车中机车的牵引重量，即车列的自重与载重之和。铁路线路（区段）方向上规定的列车重量标准，通常被称为"列车牵引定数"。

列车长度，是包括本务机车及补机在内的列车中所编挂机车车辆长度的总和。根据运行区段内各站到发线的有效长，并预留30米的附加制动距离确定。

列车定员，是由列车各车厢设计规定的席位数之和。有标记定员、实际定员、超成定员之分。标记定员为各车厢标记定员之和；实际定员为减去办公席、售货位占用后的定员（办公席、售货位另行设计的列车除外）；超成定员是考虑一定超员率后的定员。

列车密度，又称行车密度。在一定的区间通过能力条件下，铁路区段在一昼夜内实际能够通过的列车数。在统计上，列车密度是指在一定时期、铁路运营范围内（全路、铁路局、某一线路或区段）平均每日每一公里线路所分摊的列车数。

车底，指的是车辆编组辆数、车种编组结构、车辆编挂顺序均固定的列车。车底通常是指旅客列车的固定车底。在货物运输中，循环直达列车也采用固定车底。

旅客列车车底，是根据客流性质、机车类型、列车重量、运行速度、车站到发线有效长、站台长度等因素，按照一定的编组辆数、编组结构及帮助顺序，固定连挂在一起的客车车辆。旅客列车车底在固定的运行区段内来回行驶，一般不进行改编。我国高速列车不采用动力集中的机车牵引，而是由动力分散的动车组组成，分别由 8 辆和 16 辆编组而成，也可由两列 8 辆编组的动车组重联成 16 辆编组的动车组车底。

列车运行速度，是指列车在运行区段内，不包括列车在中间站停站时间及起、停车附加时间在内的平均速度。

列车技术速度，是指列车在运行区段内，不包括列车在中间站停站时间，但包括起停车附加时间在内的平均速度。

列车旅行速度，指的是列车在运行区段内，所有旅行时间在内的平均运行速度，包括起停附加时分、运行时间、途中停站时间。列车旅行速度一定程度上反映了运行组织水平，也是旅客最关心的速度，决定其在途旅行时间。

第五章

高铁列车运行与调度指挥

一、高铁列车运行控制系统

二、高铁调度指挥系统及计划编制

三、列车调度集中系统及其作业

一列列高速动车组列车，仿佛一条条银色游龙，穿梭在神州大地上。当乘客坐在舒适的高速列车里，看着窗外飞速后退的一幕幕风景时，心中不禁会产生这样的疑问：高速列车是怎么安全运行的？为什么有的时候跑得快，有的时候跑得慢？是如何变道、超车的？是谁指挥列车运行，决定列车的停与开、让与行？本章将介绍高速铁路的列车运行、调度指挥及安全保障等相关内容。

一、高铁列车运行控制系统

1. 列控系统的基本原理

众所周知,在传统的普速铁路中,列车运行是司机通过观察信号灯来控制的,即列车司机根据沿线地面信号机所显示的信号灯颜色,遇到红灯停车、黄灯减速、绿灯正常运行。跑多少速度、什么时候加速或减速,全凭司机的经验。如果结合列车上的列车运行监控装置(LKJ),动车司机可看到运行控制曲线,并人工控制列车运行速度。

随着列车速度的不断提高,传统的人工控车模式已经无法满足高速铁路列车运行控制的要求。列车速度越高,制动停车所需距离就越长,要求列车能够"看"得更远。LKJ虽然具备ATP功能(防止"两冒一超"是LKJ的基本功能),但与高铁列车的ATP相比,LKJ不是安全性计算机,只能起到辅助作用,在可靠性上达不到高速运行的要求。

因此,无论是司机看信号还是传统的LKJ监控,都无法满足列车高速运行的要求。这时就需要一种列车运行控制系统,能更早、更远地"看清"前方线路情况,能够自动、实时地计算出列车当前允许速度,并控制列车在规定速度下运行,这样才能满足高速列车的运行要求。

高速铁路列车自动运行控制系统ATC(automatic train control,简称"列控系统")就是这样一种能够确保列车行车安全、提高运输效率的信号系统,基本功能主要有间隔控制、速度防护、安全防护。其中,间隔控制确保追踪运行的列车之间必须保持一定的安全距离;速度防护确保列车的运行速度在许可范围内;安全防护功能防止列车无行车许可运行、追尾、冒进信号、溜逸等。列控系统在功能上由三个子系统构成,分别是列车自动运行系统ATO(automatic train operation)、列车自动防护系统ATP(automatic train protection)、列车自动监控

系统 ATS（automatic train supervision）。

列控系统在设备配置上由地面设备和车载设备两部分组成。地面设备主要提供行车许可、线路信息、目标距离和进路状态；车载设备生成目标距离连续速度控制模式曲线，监控列车安全运行（图 5.1）。

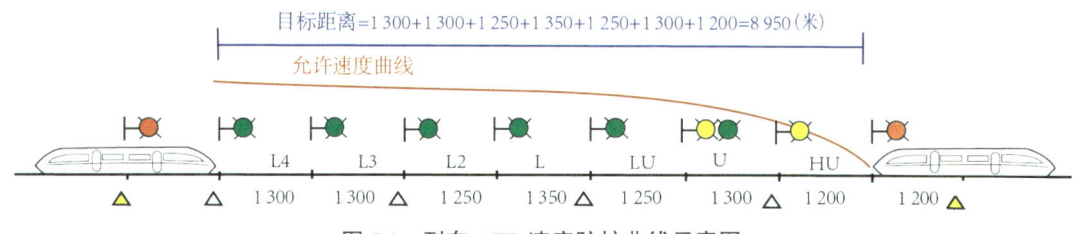

图 5.1　列车 ATP 速度防护曲线示意图

2. 中国高铁列车运行控制系统（CTCS）

为适应高速铁路的发展，铁路技术装备需要全面更新换代，对列控系统的要求也更加严苛。中国列车运行控制系统（简写做"CTCS"）应运而生，经过不断升级完善，现如今已在我国高速铁路上全面装备运用，并形成了一套完整的技术规范。

中国铁路参照欧洲铁路列车运行控制系统 ETCS 的技术规范，编制了中国列车运行控制系统 CTCS 技术规范。CTCS 体系的构建原则是以地面设备为基础，采用车载与地面设备统一设计，分"运输管理层、通信传输层、地面设备层及车载设备层"四层结构进行配置。

中国铁路结合不同线路和闭塞设备的现状，将 CTCS 划分为 CTCS-0 ～ CTCS-4 共 5 个等级，分别简称"C0、C1、C2、C3、C4"级，同一条线路上可以实现多种应用级别的兼容。目前中国高速铁路上主要采用 C2 和 C3 两个等级，分别用于运行速度 200 ～ 250 公里 / 小时和 300 ～ 350 公里 / 小时的高速铁路。

C2 级列控系统，是由地面设备采集列车运行前方的弯道和坡道等线路数据、前方列车位置、前方车站信号开放情况等信息，通过钢轨上铺设的轨道电路和安装在线路上的点式应答器，将信息传输到动车组列车的车载设备上，车载设备自动生成控车数据和目标距离模式曲线，司机依据车载设备显示的列车运行速度、允许速度、目标速度和目标距离等信息控制列车运行。随着列车的前进，控车数据和目标距离模式曲线也不断更新，司机可按照车载设备提供的允许速度人工控车，也可设定车载设备按照速度曲线自动控制列车运行。当列车即将超速时，车载设备立即发出报警提示，并强制降低列车运行速度。

C3 级列控系统，不再使用轨道电路和点式应答器作为信息传输载体，而是将动车组列车与地面设备通过铁路综合移动数字通信系统网（GSM-R）建立连接，并相互传输控车信息和运行数据，同时将 C2 级列控系统作为备用模式。在 C3 级列控系统下，动车组列车就好比手机一般，通过电信网或者移动（联通）网，与电信（移动、联通）公司的基站进行连接，相互传输数据。相比 C2 级，C3 级列控系统通过 GSM-R 网互传信息和数据，可以更快、更实时地进行信息和数据的交互，也可以掌握前方更远距离的前次列车位置和车站信号开放情况，也就是可以"看"得更远，所以能够适用于更高速度的高速铁路。

CTCS 的投入使用，解决了高速列车"看"得更远的难题，缩短了列车之间的运行间隔，因而大大提高了高速铁路的运输能力。

二、高铁调度指挥系统及计划编制

1. 高铁调度指挥系统

如上所述，列控系统能够根据信号显示决定列车跑多快，那么，是谁决定信号如何显示？又是谁决定列车到开时间？并在哪里停车、哪里让车呢？这就要提到一个在公众眼中颇为神秘的部门——铁路调度所，其工作人员就是被称为列车运行指挥者的铁路调度员。

如图 5.2 所示，铁路系统各个专业的调度员都在调度所的调度指挥中心联合办公，在集中化、专业化的管理模式下，各个调度台密切合作、紧密配合，共同维护铁路运输设备的正常运转和运营组织的稳定有序，保证高速列车运行的安全畅通。在全国，有高速铁路的局集团公司都会有一个高铁调度指挥中心。

图 5.2　铁路调度指挥中心

高铁调度员负责高速铁路各个方面的调度指挥事宜，包括高铁值班副主任、计划调度员、列车调度员、供电调度员、客服调度员、客运综控调度员、动车调度员、施工调度员等等。高铁值班副主任负责管理和协调各工种调度，计划调度员负责编制列车开行计划，列车调度员负责指挥高铁列车的运行，供电调度员负责高铁供电设备的稳定工作，客服调度员负责旅客信息管理工作，客运综控调度员负责管理高铁车站检票闸机、电子公告屏和广播等设备，动车调度员负责动车组车底的调配和运用，施工调度员负责编制高铁设备的养护维修计划，他们各司其职又相互合作，共同为高速列车的运行保驾护航。

以列车调度员为例，如图 5.3 所示，铁路调度部门将一条铁路线路分为多个区段，每一个区段对应一个列车调度台，例

图 5.3　高速铁路列车调度员在指挥列车运行

如，京沪高铁从北京南—上海虹桥，横跨北京、济南、上海三个铁路集团公司，划分为了四个调度区段，也即四个调度台，其中北京局和济南局各一个，上海局两个。列车调度员就是在这样的一个个调度台上工作，各自负责本区段内列车运行的所有相关工作。调度员的工作实行分班制度，每隔 12 小时进行一次人员换班，保证日夜不间断地组织列车运行和其他行车工作。日间，列车调度员负责组织列车的正点运行，处理临时发生的各类突发事件；夜间，列车调度员与施工调度员共同组织高速铁路设备的综合养护和维修作业。

2. 高铁调度日计划

高铁调度日计划是一日内的运输工作计划，包括列车开行计划、施工维修计划。计划起止时间范围为 0:00～24:00，由调度所主任（副主任）负责组织编制。计划编制的主要依据有：列车运行图、有关文件、电报、调度命令、动车组运用（车型、组数）、检修计划、月度施工计划、设备维修作业计划申请等。

（1）列车开行计划编制和下达流程

客运计划调度员于每日 10:00 前，根据列车运行图及相关文件、电报、调度命令，确定次日动车组开行方案，转交动车调度员和相关机务段、动车（车辆）段、客运段。15:00 前，动车调度员将动车组车底运用方案、热备车及重点事项，施工调度员将路用列车运行方案，各自转交客运计划调度员。客运计划调度员 16:00 前与相关调度所交换列车开行计划，17:30 前形成次日列车开行计划。计划经调度所主任（副主任）审核批准后，报铁路总公司调度部调度处，并于 18:00 前以调度命令下达有关单位、调度台。

（2）施工日计划编制和下达流程

施工单位于施工前 3 日，将施工日计划申请报主管业务处室审核后，于施工前 2 日 9:00 前，向施工办公室（以下简称"施工办"）提报施工日计划申请，施工办核对无误后，组织编制施工日计划（其中，I 级施工和总公司管理施工项目的施工日计划，需报总公司运输局调度处审核批准）。编制的施工日计划经调度所主任（副主任）审核后，施工办于施工前 1 日 12:00 前（0:00～4:00 执行的施工日计划于前 1 日 8:00 前），将施工日计划下达本局有关机务段、动车（车辆）段和车务段（直属站），传（交）主管业务处室和相关计划调度台、列车调度台、供电调度台。

维修计划的流程与上述施工日计划流程类似。施工或维修计划下达后，不得随意取消日计划，因特殊原因临时取消时，须经铁路集团公司分管运输副局长（或总调度长）批准。如果是 I 级施工和铁路总公司管理的施工项目还须经总公司调度部主任（副主任）批准。

3. 列车运行调整计划

列车调度员通过铺画和下达列车运行调整计划，通常是 3～4 小时的阶段计划，组织列车按运行图或当时实际运输需要运行，也就是说，高铁列车的运行是通过列车调度员编制阶段计划并组织实施，从而实现指挥列车运行的目的。阶段计划对未来几小时的列车运行方案做好具体安排，每 3 小时为一个阶段，并与第 4 个小时衔接而形成连续性的阶段计划。

高铁阶段计划的主要有列车车次、到发的车站及时刻、股

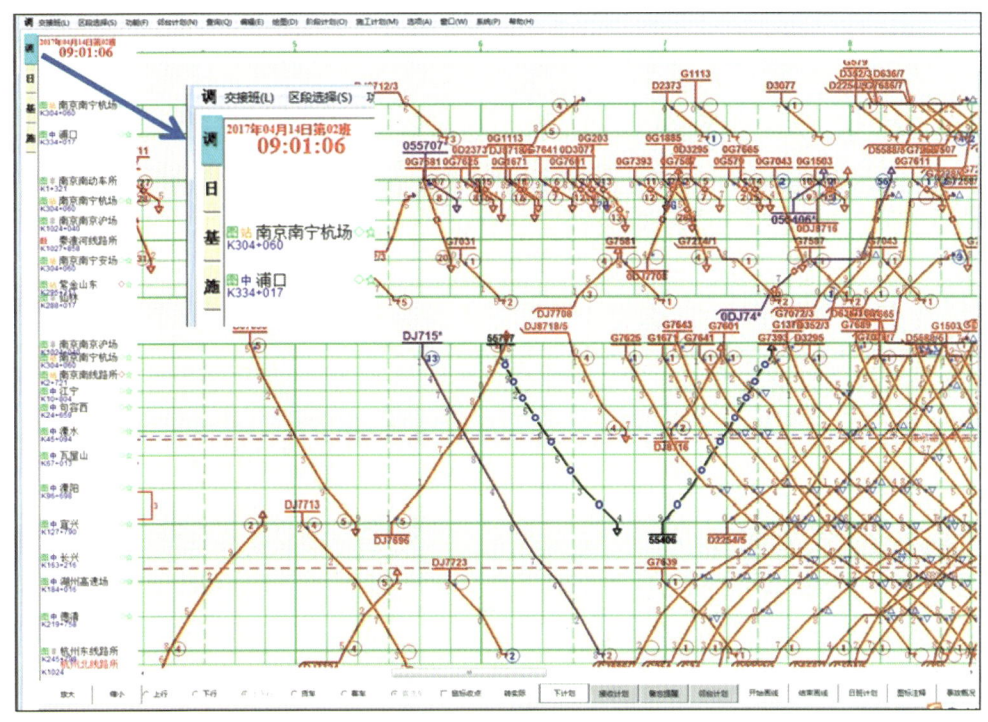

图 5.4　运行图终端操作界面图

道、列车会让计划、维修和施工计划的安排等内容。列车调度员通过 CTC 运行图子系统编制阶段计划，运行图终端操作界面图如图 5.4 所示。

列车调度编制好阶段计划后，分别在 9:00（21:00）、12:00（0:00）、15:00（3:00）、18:00（6:00）等时间节点前，下达至车站工作站和车站自律设备，运行计划调整后，再次下达阶段计划，更新有关列车信息。

下达阶段计划是调度中心与车站保持密切联系与远程控制的最重要步骤，列车调度员每次调整计划后，必须及时下发阶段计划，以便车站及时掌握和执行。

三、列车调度集中系统及其作业

那么，高铁列车调度员到底是怎样指挥列车运行的呢？这就要了解列车调度员指挥列车运行的重要工具——调度集中系统（centralized traffic control，简称"CTC系统"），该系统是高速铁路的又一重要技术装备。

与传统铁路相比，高速铁路行车组织的集中调度主要体现在三个"化"：行车作业自动化、行车组织集中化、车站行车无人化。

① 行车作业自动化。CTC系统为行车作业自动化提供了可靠的基础，可以实现列车进路、调车进路的自动控制，列车运行全程的监控，自动办理发车预告报点等功能。另外，系统可以切换操作模式，以保障突发事件时的人工操作。

② 行车组织集中化。高速铁路的行车组织实行集中化管理，减少行车指挥的层级，使指挥与实施一体化。同时，办理客运业务采用"三固定"（固定股道、固定站台、固定停车位置）的作业标准，保证了行车组织管理的高效率和集中化。

③ 车站行车无人化。调度集中控制车站设应急值守人员，由车站值班员和信号员担任。在正常情况下，应急值守人员不参与行车工作。

可见，CTC系统主要用于调度指挥和信号控制，由调度工作站和车站工作站组成。调度工作站中的调度终端设备为列车调度员提供列车运行监控、运行计划调整、调度命令下达以及现场设备远程操控等功能；车站工作站的车站终端设备为车站人员提供运行计划和调度命令接收、现场设备操控等功能，车站工作站的车站自律设备接收来自调度（或车站）终端下达的指令，并对现场设备进行操纵。与传统的人工接受运行计划指令、人工开放信号的铁路行车模式相比，CTC系统最大的特点在于三个"自动"：它能够按预定设置自动分析计划、自动识别车次、自动排列进路，减少了因人为因素错排进路而带来的行车事故。

通过这种先进的调度指挥系统，列车调度员可以在室内的调度台，看到远在几百公里外线路上运行的每一趟列车的具体位置和运行状态，可以对管辖范围内所有车站进行控制和操作，可以通过列车运行图控制每一趟列车在各站的到开时间。

列车调度员在日常的列车运行指挥中，主要使用CTC系统的监控子系统、运行图子系统、站场图控制子系统、调度命令子系统四个子系统，完成监控列车运行、安排列车运行计划、人工干预信号及调度指令发布等列车运行指挥事项。

1. 监控子系统

《孙子·谋攻篇》有言："知己知彼，百战不殆；不知彼而知己，一胜一负；不知彼，不知己，每战必殆。"这充分说明信息的掌握对于事情的成败有着重要的作用。在调度指挥中，信息的重要性更加凸显。高速铁路具有高密度、高速度的特点，在运营期间的任意时刻，一般都会有数十趟高速列车在同一调度区段内运行，且运行状态各不相同，有的在站停车待发，有的正在进站，有的在区间内运行，而下一时刻，大部分列车的运行状态又发生了变化，所以，只有实时地掌握每趟列车的运行信息及车站信息，才能有针对性地安排列车运行计划，指挥列车运行，没有信息支持下的调度指挥无异于"瞎指挥"。

CTC监控子系统就是列车调度员获取列车运行信息的重要工具，车站工作站采集现场信息传输到调度台的监控画面上，不管线路、车站及列车距离调度台多远，哪怕是几百公里，甚至是上千公里，只要在管辖区段内，只要列车运行在钢轨上，列车调度员都能清晰地看到所有车站股道使用情况、信号开放状况、列车实时运行位置、运行状态及正晚点信息，如图5.5所示。此外，列车调度员除了能监控全区段的列车运行情况，还可调取单个车站的监控画面。

为使调度员更好地掌握有关信息，除了CTC监控子系统外，列车调度员还可以从其他信息平台获取列车运行信息，包括C3级列车信息显示、综合视频监控平台等。

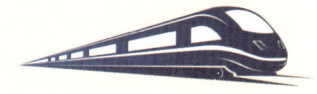

高铁运营组织与管理

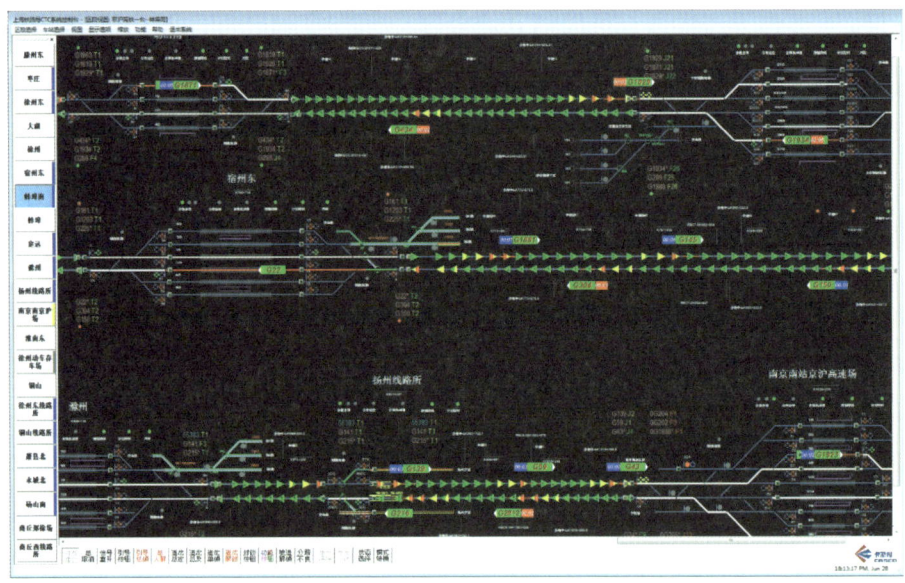

图 5.5　C3 监控子系统（全区段）

如图 5.6 所示，C3 级列车信息显示仅针对装备 C3 级列控系统的动车组列车。在该界面上，列车调度员可以实时观察到管辖区段内所有 C3 级动车组列车的车次号、运行速度、列车

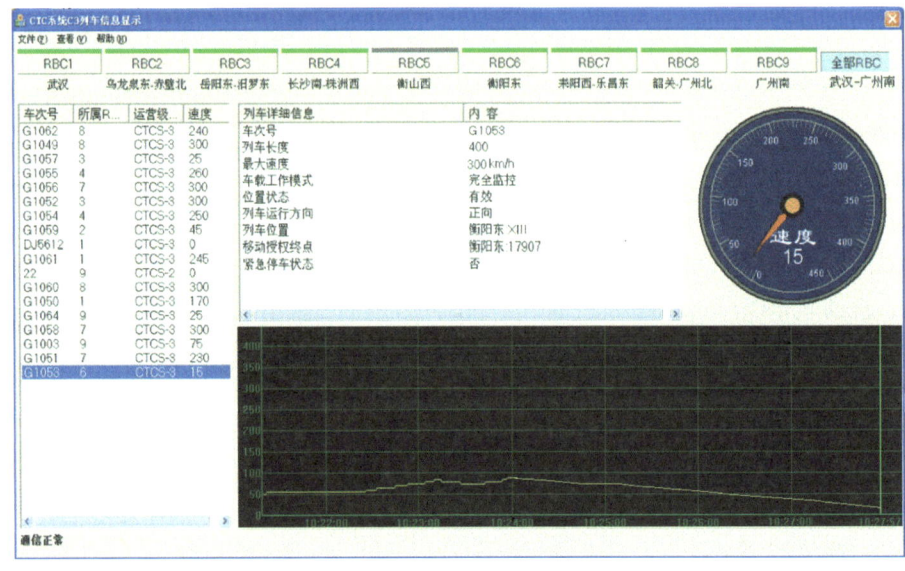

图 5.6　C3 级列车信息显示界面

图 5.7 铁路综合视频监控平台

位置、车载模式、速度曲线轨迹等信息，能更精确地掌握列车运行信息。

和道路监控系统一样，我国高速铁路所有车站及沿线均装设大量监控摄像头，这些视频监控信息可以传输到铁路的各级指挥中心。当发生突发事件时，相关指挥人员可以迅速找到事发地点的视频监控，对突发事件进行远程指挥和监控，也可以对事件全过程进行回放（图 5.7）。

以上海虹桥开往南京的 G7102 次高速动车组列车为例。凌晨，当列车还在虹桥动车基地检修时，列车调度员便可在监控画面上看到动车基地股道内一段段红色光带，每一段红光带就代表了一趟列车，通过红光带上方的车次窗口，列车调度员可以快速地找到 G7102 次列车的位置——正停放于动车基地 25 道。

检修任务结束后，虹桥动车基地开放了列车的出站信号，在监控画面上 25 道至出站端出现了一条白色光带，同时光带起始端的信号机也随之亮起。列车根据信号机显示，沿着光带的径路驶出车站。随着列车的运行，监控画面上代表列车的红光带和车次窗口"G7102"也随之移动，最后停于上海虹桥站22道，等待旅客上车。

临近检票时间，从位于上海虹桥站22道的多个视频监控探头上可以清楚地看到，G7102次列车各节车厢的车门同时打开，之后旅客有序地来到站台、登上列车，其间发生的一切均可清楚地实时监视和记录。

当G7102次列车从上海虹桥站开出时，监控画面中代表列车的红光带和车次窗口便会随之前移，C3信息界面上的列车速度也从0开始不断上升，很快便达到了最高允许速度。随着列车在沿途车站通过、停车、开车，列车调度员不断地检查着车站白光带及信号机的显示情况，确保列车进入固定的股道。此外，列车调度员还监控着列车红光带的"前行"，结合C3信息界面上列车的速度变化，实时掌握列车当前的位置与运行状态。

监控子系统的车次窗口还有显示列车正晚点信息的功能。每当列车经过一个车站，系统就会将当前时刻与铁路部门对外公布的列车时刻表进行对比，并在车次号窗口尾部进行显示早晚点，红色框底代表早点、蓝色框底代表晚点，数字代表早点（或晚点）的时分。

2. 运行图子系统

全路列车的运行是一个严密的网络，列车运行在路网上，每一趟列车的运行都是根据事先编制好的列车运行图进行的，即所谓的"按图行车"。高速列车更是如此，必须严格按照运行计划开行，每日的运行计划就是按照列车运行图制订的。如图5.8所示，列车运行图内的每一条斜线代表一趟列车，上面记载了列车车次、各站到发时刻、停车股道、是否避让或越行等信息，列车调度员按照列车运行图指挥行车，列车也按照运行图的时刻开车或者停车。

在普速铁路调度指挥模式中，列车调度员将运行计划下达

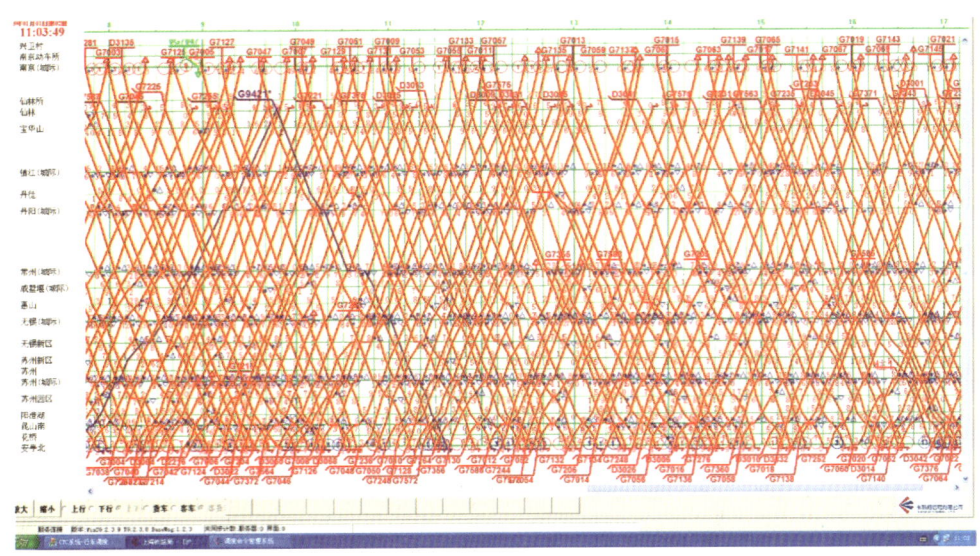

图 5.8 CTC 系统呈现的运行图子系统

到车站，由车站值班员根据运行图记载的时刻要求排列车站进路并开放信号，列车司机依据信号开车或停车；而高速铁路调度指挥模式中，完全省略了车站上述人工作业环节，列车调度员通过 CTC 系统的运行图子系统编制列车运行计划，向车站工作站下达运行计划指令，车站自律设备自动识别列车车次、到发时刻、股道等信息，结合系统内预设数据，以一定规则提前自动开放对应列车的信号，从而控制列车运行。简单地说，就是列车调度员通过运行图子系统，决定车站接哪趟车、开哪趟车，什么时候接、什么时候开。CTC 系统可以自动分析计划、自动识别车次、自动开放信号，能够有效减少因人为疏忽带来的安全隐患和行车事故。

以上海虹桥开往北京南的 G102 次列车为例，在正式运营前，列车调度员从运行图子系统内下载本调度区段当日列车开行计划，其中包括 G102 次列车计划运行线，该计划中的列车时刻与对外公布的列车时刻完全一致。

列车调度员将运行计划下达到管辖区段内各车站，车站的电子公告屏（图 5.9）也会同步显示各趟列车到发时刻、股道

高铁运营组织与管理

图 5.9　高铁车站电子公告屏

站台、对应检票口等信息。

根据运行计划，G102 次将于 6:39 由上海虹桥站 18 道始发。车站工作站提前 5 分钟于 6:34 执行发车指令，在识别到股道号与车次号匹配正确后，车站自律设备开放了 18 道的出站信号。6:39，列车司机确认开车时间已到、旅客乘车完毕、出站信号已开放后起动列车，列车正点驶出上海虹桥站。

按照运行计划的时刻，G102 次列车应于 6:50 通过昆山南站，于 7:02 到达苏州北站 4 道办客，于 7:04 开车。若列车于 6:52（比计划晚 2 分钟）通过昆山南站，列车调度员须及时向司机发出指令，要求司机尽量赶点，"贴限"（紧贴列车最高限速）运行。由于司机的赶点，列车于 7:02 正点到达苏州北站，于 7:04 正点出发，继续运行。

正常情况下，各次列车将按照运行计划的时刻，在沿途各站到达、停车、出发或通过，最终到达终点。但往往多种因素的干扰，不会那么一帆风顺。仍以 G102 次列车为例，列车在宿州东站停车办客完毕，车站也开放了出站信号，准备正点发车。此时，列车调度员接到现场巡视人员的通知：宿州东站出站端线路上方的接触网上挂有一风筝，危及行车安全。列车调度员立即使用 CTC 监控子系统调取车站监控画面，发现 G102 次列车正好经过该地段。如果列车经过，动车组车顶受电弓肯定会受到损坏。于是列车调度员立即将故障情况通知司机，布置司机不得开车，并人工关闭已开放的出站信号。

因突发故障的影响，G102 次及后续所有上行列车都无法按照原计划运行，因此，列车调度员必须通过运行图子系统，及时制订并下达新的运行计划，推迟各趟列车在车站的发车时刻。

随后，故障处理人员到达故障地点，列车调度员按规定采取安全措施后，处理人员进入封闭线路。10 分钟后，接触网上的风筝被摘下，处理人员也撤出了封闭线路。列车调度员重新组织被扣停列车恢复运行，通过运行图子系统重新制订列车运行计划，包括调整各趟列车在各站的到发时刻、变更办客股道、选择合理的避让车站等，并将新计划下达到 CTC 车站工作站，控制车站自律设备开放有关信号，控制列车按新计划时刻运行。由于 G102 次及后续上行各趟列车均出现不同程度的晚点，这些晚点信息也将通过各站的电子公告屏及时告知旅客。

为了降低故障对运行秩序的影响，列车调度员必须根据列车运行的实时情况，及时调整并下达运行计划，调动列车司机和乘务人员、车站客运人员积极组织旅客乘降，压缩车站客运作业时间，选择合理的避让车站，最大限度地利用线路的通过能力，尽快使列车恢复到图定的运行时刻上来，减少列车晚点。

3．站场图控制子系统

在分散自律模式下，正常情况时列车调度员都是使用运行图子系统控制车站自律设备自动开放信号的。但当出现设备

故障、发生临时紧急情况，来不及通过调整运行计划控制信号时，需要使用调度终端站场图控制子系统（图 5.10），人工干预信号控制列车运行，从而规避风险，确保列车运行安全。

如图 5.10 所示，在车站的单站监控画面中有许多按钮，列车调度员用鼠标按照一定顺序点击其中一个或几个按钮，便可开放或关闭列车信号。此外，列车调度员也可对车站的每副道岔下达转动指令，使道岔转动到列车运行进路所需位置。当列车调度员在调度终端站场图控制子系统上进行操作后，其操作指令便会通过通信通道传输到车站自律设备上，从而操纵现场设备完成对应指令，从操作指令下达到开始执行指令，用时不到 1 秒钟。

作为高速铁路信号控制的辅助系统，站场图控制子系统主要用于紧急情况下人工干预信号。如上例宿州东站接触网挂风

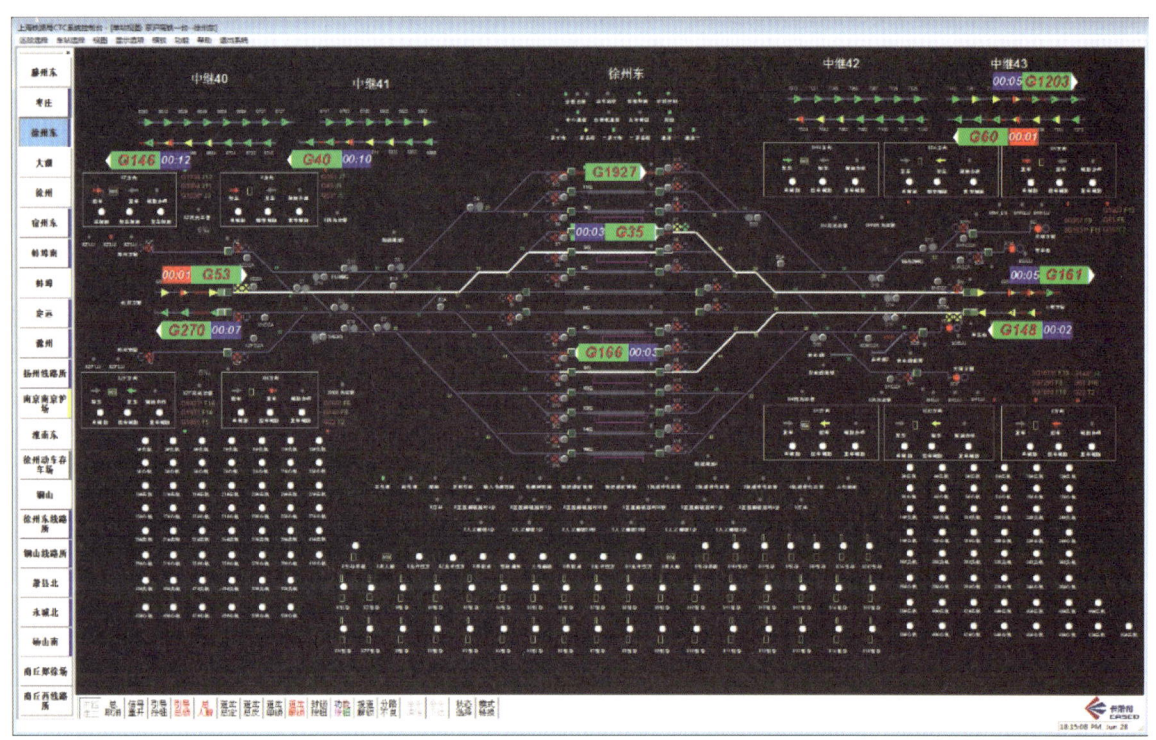

图 5.10　CTC 站场图控制子系统（单站监控画面）

等的突发故障中，G102 次出站信号已经开放，列车也临近开车点，阻止列车起动迫在眉睫，但通过调整运行计划来不及也无法关闭已开放的信号，此时就需要人工关闭 G102 次列车的出站信号了。通过在运行图子系统上操纵信号，关闭信号的指令在零点几秒内便可执行到位，有效地阻止了 G102 次列车的起动。

受突发故障的影响，不仅 G102 次列车，其后续列车也不能开车，必须在后方各站停车等待。但车站自律设备会根据运行计划中的时刻提前自动开放车站信号，特别是在故障处理时间待定的情况下，车站自动开放信号、列车按信号运行，就会造成一定的安全隐患。为了防止这种情况的发生，列车调度员必须通过人工操作站场图控制子系统，取消车站某一列或多列车的信号自动开放功能，此时车站自律系统将不再自动开放对应列车的进出站信号，只能通过人工操作进行开放，而在故障处理完毕后，可恢复列车信号自动开放功能。通过人工干预，列车调度员可以对某一列或多列车的信号进行即时控制，从而更有效地控制列车运行，特别是突发故障期间的列车运行控制，防止行车事故的发生。

4. 调度命令子系统

动车组列车的运行，除了依据车站开放的信号外，还需要列车调度员的口头指示和调度命令进行辅助。口头指示是指列车调度员与司机直接通话时发布的，涉及开车、停车、注意事项等简单事项的指令；而调度命令则是列车调度员通过调度命令子系统发布的，涉及列车速度、线路里程、行车方式等重要事项的指令，并能进行记录和打印。

CTC 调度命令子系统（图 5.11）具有无线传输功能，列车调度员可将命令直接发送至管辖区段内指定车次的动车组司机室内，司机可将命令打印后对照执行。与普速铁路由车站人员口头转达、司机手抄命令或列车在站停车交付命令相比，高铁调度命令的无线传输方式保证了调度命令的完整性与高

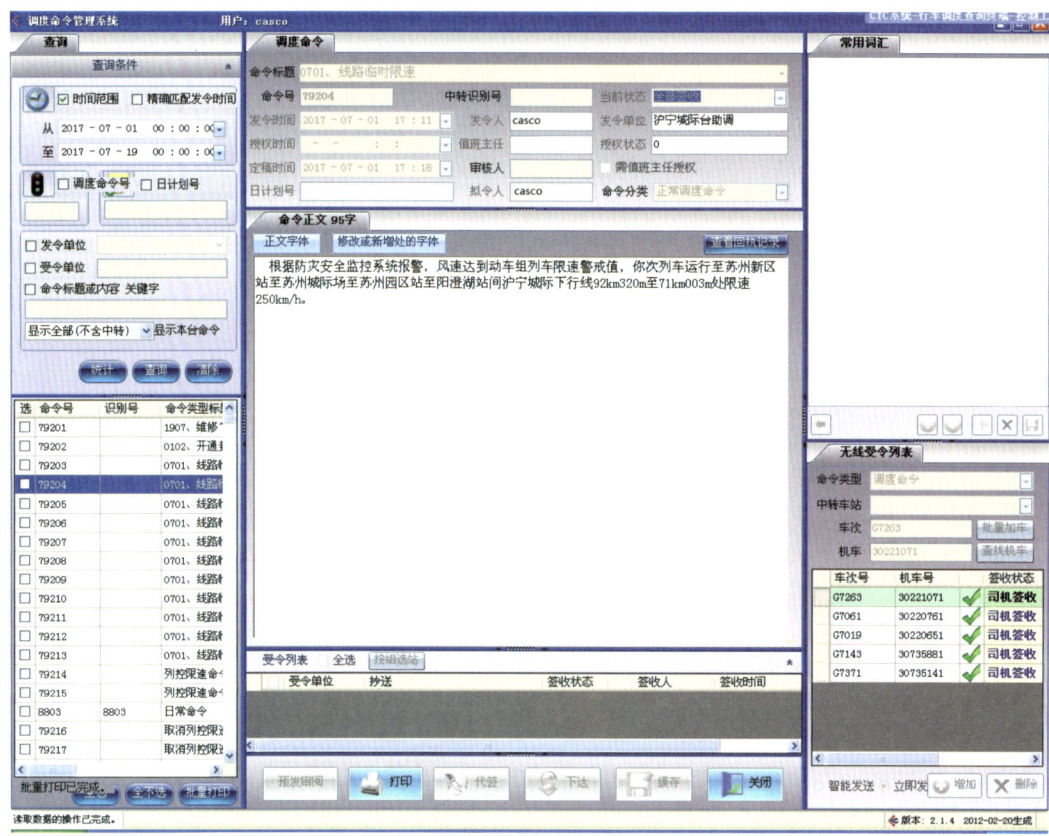

图 5.11 CTC 调度命令子系统

效性。

除了调度命令的无线传输功能，调度命令子系统还具有列控限速设置的功能。为确保运行安全，列车运行过程中遇到恶劣天气、设备故障、故障处置等情况时，需要降速运行。列车调度员除了向司机发布限速命令，通知司机人工降速外，还可对限速区段设置列控限速，只要有动车组列车经过该地段，其车载设备就能接收到该限速信息，自动降低列车的最高允许速度，并控制列车不得超速。通过这种从设备上自动限制列车运行速度的方式，可有效防止因人为原因造成列车超速运行而引发的行车事故。

仍以 G102 次列车宿州东站的突发故障为例，按照规定，故障处理人员若须进入封闭的高铁线路时，为保障人身安全，必须采取封锁故障点线路、禁止列车通行、邻线列车限速160公里/小时及以下等安全措施。列车调度员在同意处理人员进入封闭线路前，需要使用调度命令子系统向车站下达封锁禁行的调度命令，并由车站向处理人员转交；同时，将限速160公里/小时运行的调度命令无线传输给经过该地点邻线的列车司机，通知司机在该地段降速运行；最后，列车调度员在调度命令子系统上设置限速160公里/小时，通过列控系统控制列车运行速度，自动防止列车超速。

故障处置结束，待处理人员撤出线路后，列车调度员使用调度命令子系统发布线路开通使用、取消邻线限速的调度命令，并取消列控限速设置，通知相关列车恢复运行。

综上所述，在列车运行的整个过程中，CTC系统的四大子系统各司其职，又互相辅助、互为补充，形成一个全面、系统、多方位、多角度的调度指挥系统，帮助列车调度员安全、高效地进行调度指挥工作，为高速铁路动车组列车的安全运行、正点运行提供保障。

【知识链接】列车运行调度指挥相关知识

行车调度指挥。在铁路日常运输工作中，对列车运行的组织、指挥、监督和协调等。行车调度指挥严格执行单一指挥原则，列车调度员是一个调度区段行车工作的统一指挥者，所有与列车运行有关的作业人员必须执行列车调度员的命令与指示，服从列车调度员的统一指挥。

客运调度。铁路旅客运输的指挥中枢，是铁路客运日常工作的组织者和指挥者。其主要工作有：正确编制和执行客运工作日常计划，有预见地组织客流，经济合理地使用客车和客运设备，组织客运各部门紧密配合、协同动作，保质保量地完成旅客运输任务。

分散自律控制模式。在采用分散自律模式调度集中系统

时，以列车运行调整计划自动控制为基础，同时在分散自律条件下具有调度中心或车站人工控制功能的模式。在信号设备控制与行车指挥方式上，分散自律调度集中系统有两种控制模式：①分散自律控制模式；②非常站控模式。系统在分散自律控制模式时，将列车运行调整计划下传到车站自律机，并由调度中心或车站输入调车作业计划，车站自律机根据列车作业优先的原则，自动生成列车进路和调车进路指令，并适时将办理进路命令下传到联锁设备执行。

分散自律控制模式，只有控制指令的不同来源，没有调度中心与车站控制权的转换，能实现列车作业和调车作业的统一控制，避免列车作业与调车作业在时间、空间上的冲突。在分散自律控制模式下，有调度中心操作和车站调车操作两种方式。调度中心操作方式是指调度员对列车进路与调车进路均有操作权，而车站对列车进路与调车进路均无操作权，适用于作业量较小的车站或无人车站。车站调车操作是指调度员对列车进路有操作权、对调车进路无操作权，而车站对调车进路有操作权、对列车进路无操作权，适用于大多数车站。

非常站控模式。在采用分散自律调度集中系统时，当调度集中设备故障以及发生其他紧急情况时，或者是由于作业需要，如车站调车作业量较大、进行天窗施工检修作业等，脱离调度中心集中控制转为车站人工控制的模式。在信号设备控制与行车指挥方式上，系统在非常站控模式时，调度中心不具备直接控制权，车站行车工作由车站值班员统一指挥，采用车站操作方式，车站具有直接办理列车进路与调车进路的操作权。分散自律控制模式转向非常站控模式不检查任何条件，但系统应向调度员进行提示报警；非常站控模式转向分散自律控制模式应检查以下条件：分散自律调度集中系统功能正常、非常站控模式下没有正在执行的按钮操作。

列车运行调整。在列车运行偏离运行图的情况下，列车调度员通过编制和实施3～4小时列车运行调整计划来恢复按图行车。列车运行调整的措施主要有：组织列车加速运行、组织车站快速作业与平行作业、组织机车或动车组紧交路、变更列车会让地点和会车方式、变更列车越行地点、组织列车反向运行、组织列车合并运行、组织单机附挂或单机重联等。列车调度员应根据列车运行实际情况，在确保行车安全的前提下，遵循"先客后货""先快后慢"的原则，按规定的列车运行等级顺序，采取相应的列车运行调整措施。

分界站。国家铁路的铁路集团公司之间，国内铁路与外国铁路，以及国家铁路与合资铁路、地方铁路的分界车站。分界站根据铁路运营管辖范围设置，由总公司批准承认。

运行图天窗。列车运行图中，区间和车站正线不放行列车的一段时间。按用途，运行图天窗分为施工天窗和检修天窗。施工天窗是预留给线路、桥隧等技术设备进行施工改造的时间段。检修天窗是预留给高速铁路的接触网、桥隧、线路等固定设备进行养护维修的时间段。在双线铁路，运行图天窗的类型主要有矩形天窗和V形天窗等。合理规定运行图天窗时间，既要考虑减少对区间通过能力、运营成本的影响，又要考虑提高施工检修作业的效率。

【知识链接】铁路运输能力相关知识

铁路运输能力，是指铁路通过能力与铁路输送能力的总称。铁路运输能力既取决于固定设备的通过能力，又取决于活动设备的输送能力，还取决于输送能力是否与通过能力相适应。铁路运输能力是路网建设、旧线改造、货物合理分流以及编制运输计划的重要依据和基础资料。

铁路通过能力，指的是在一定的机车车辆和动车组类型以及行车组织方法条件下，铁路各项固定设备在单位时间内

（通常为一昼夜）所能通过的列车数。铁路通过能力一般按铁路区段或铁路方向确定。铁路固定设备包括区间、车站、机务或动车组检修与整备设备、电气化铁路供电设备和给水设备。根据各项固定设备计算的铁路通过能力包括区间通过能力、车站通过能力等，其中的最小值即为铁路区段的最终通过能力。

铁路输送能力，是指在一定的固定设备、机车车辆和动车组类型以及行车组织方法条件下，根据活动设备数量和乘务人员配备，在单位时间内所能运送的旅客人数或货物吨数。铁路输送能力一般按线路方向确定。计算货运输送能力时，一般仅计算线路重车方向的输送能力。

区间通过能力，是指铁路区间在一昼夜内所能通过的列车数。在一定的行车组织方法条件下，其大小主要取决于正线数目、区间长度、线路纵断面、信联闭设备、牵引机车类型和列车运行速度等。其计算方法有多种，中国铁路采用扣除系数法。

扣除系数，指因铺画旅客列车、快运货物列车或摘挂列车，须从平行运行图上扣除的货物列车数。对高速铁路，指因铺画速度较低的高速列车，须从平行运行图上扣除的旅客列车数。影响扣除系数的因素主要有：各种列车的运行速度或旅行速度比值，各种列车的数量、停站次数和停站时间及其在运行图上的铺画位置，区段内区间不均等程度、中间站到发线数量，列车运行图的类型、运行图的铺满程度和追踪列车间隔时间等。

车站通过能力，在现有设备条件下，采用合理的技术作业过程，车站一昼夜内所能接、发的列车数，包括到发线通过能力和咽喉通过能力，其中的较小值即为车站最终通过能力。

使用能力，又称有效能力，是指运输能力中实际被利用的能力。日常运营中，运输流（客流、车流、列流等）的不均衡性、作业进路干扰、作业中延误与等待、列车运行时分偏离，以及设备故障、行车事故和外界影响等因素引起的运输能力损失不可避免。因此，理论计算能力是理想作业状态下的能力，包括有效能力和无效能力两部分，后者是指运输能力中不能被利用的能力。在规划运输能力加强、编制运输工作计划和实施运输调度指挥时，应充分考虑运输能力利用的这一特点。

第六章

高铁运营安全风险管理

一、国内典型案例分析与反思

二、高铁客运组织风险

三、行车组织风险

四、高铁动车组设备风险

五、高铁供电系统安全风险

六、高铁通信信号设备风险

安全始终是铁路运输的生命线。高铁凭借其安全、快捷、正点、舒适的优势，成为人们中长距离出行的理想选择，与百姓日常生活的关系越来越密切。因此，在日常运营中，突发的设备故障、恶劣天气、异常事件等，都将影响甚至威胁到列车的运行安全。一旦发生运营事故，不仅会造成设备损坏、财产损失，也将威胁旅客和乘务人员的生命安全。严重时，甚至会影响社会稳定，造成中国高铁形象受损。因此，如何识别运营中的安全风险，并制定有效的管控措施，以确保列车运行的安全有序，是高铁运营组织与管理需要解决的重要问题之一。

一、国内典型案例分析与反思

1. 国内典型案例

（1）"7·23"温州动车事故

2011年7月23日20时30分5秒，北京南站开往福州站的D301次列车运行至甬温线永嘉站至温州南站间双屿路段，与前行的从杭州站开往福州南站的D3115次列车发生追尾事故，后车4节车厢从高架桥上坠下（图6.1）。D301次列车司机胸口被车闸刺穿，当场殉职。可以推论，司机通过肉眼看到前面的列车时，采取过紧急制动的操作，但是已经来不及了。事故造成40人死亡、192人受伤，中断行车32小时35分，直接经济损失19 371.65万元，是迄今为止发生在我国最严重的一次高速铁路事故。

国务院随即成立了事故调查组，对事故调查工作提出明确要求：不仅要查清直接原因，还要追根溯源，查清设计、制造、管理等方面的源头性问题，给人民群众一个真诚、负责任的交代。事故调查组由有关部门单位和地方的负责人组成，聘

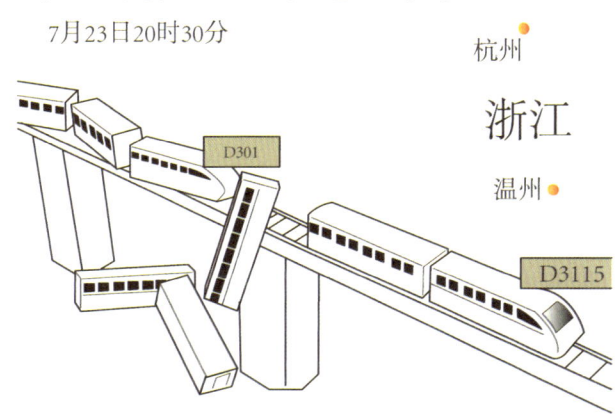

图6.1 "7·23"温州动车事故

请了铁路运输、电力、电气、自动化、通信、信号、安全管理、建筑等领域专家，邀请了最高人民检察院派员参加。调查组按照科学严谨、依法依规和实事求是的原则，认真开展现场勘查、检验测试、技术鉴定、调查取证、综合分析和专家论证，查明了事故发生的经过、原因、应急处置、人员伤亡及直接经济损失，认定了事故性质和责任。

"7·23"甬温线特别重大铁路交通事故，是由于雷击导致列控中心设备和轨道电路发生故障，错误的控制信号显示，使行车处于不安全状态。经调查认定，该事故是因列控中心设备存在严重设计缺陷、上道使用审查把关不严、雷击导致设备故障后应急处置不力等因素造成，因而是一起责任事故，事故发生的主要原因是：

① 通信信号集团公司所属通信信号研究设计院在LKD2-T1型列控中心设备研发中管理混乱。通信信号集团公司作为甬温线通信信号集成总承包商，履行职责不力，致使为甬温线温州南站提供的设备存在严重设计缺陷和重大安全隐患。

② 铁路总公司在LKD2-T1型列控中心设备招投标、技术审查、上道使用等方面违规操作、把关不严，致使其上道使用。

③ 上海铁路局相关作业人员安全意识不强，在设备故障发生后，未认真正确地履行职责，故障处置工作不力，未能起到可能避免事故发生或减轻事故损失的作用。

④ 在事故抢险救援过程中，存在应急处置不当、信息发布不及时、对社会关切回应不准确等问题，在社会上造成不良影响。

"7·23"事故的发生，引起了很大的社会反响，究其原因主要有以下方面：

① 高铁客运是明星产品，高铁作为国家名片备受关注，任何与此有关的事件都会产生放大效应。高速铁路本身是安全的交通方式，安全事故概率极低。正因为概率低，一旦出现事

故就是个大新闻。这也符合新闻的稀有性原则。

② 我国高速铁路此前的发展很成功，也比较高调。高调的成功与死亡事故间的巨大落差，对人们产生了猛烈的冲击效果。

③ 在危机面前，网络传播谣言四起，如埋车头、停止救援等大量谣言。加之，铁路部门没有很好地收集、发布相关信息，谣言扩散迅速。中国高速铁路的形象受到了很大的负面影响。

对于"7·23"惨痛的高铁事故带给我们的教训，必须进行认真总结、深刻反思：

① 高铁快速发展的同时，潜伏了隐患。相比日本、法国等发达国家在建成第一条高铁后8年左右开始修建第二条规模不大的高速铁路的历程，我国高速铁路选择了"全面推进"的快节奏模式，即在国家确定"引进先进技术、联合设计生产、打造中国品牌"的发展方针后一年左右的时间内，便开始了大范围、大规模、快节奏、高标准的全面推进高速铁路建设。不可否认，快节奏模式对于我国高速铁路快速成网，尽快发挥规模经济、网络经济效应等具有积极作用，也在一定程度上节约了一定的建设成本。但短期内，快节奏模式为我国高速铁路发展埋下了诸多隐患。高速铁路"硬件"设施设备的快速推进，进一步显露出"软件"配套方面的相对滞后，突出的表现为运营管理能力滞后于运营服务要求。

② 应急处置能力准备不足。应急处置是指针对行车中发生的设备故障、自然灾害、突发事件、行车事故等非常态环境下作出迅速、准确、有效的响应，并果断采取相应措施，及时控制事态发展，在最短时间内恢复列车运行，尽最大可能降低对行车造成的影响和损失。由于观察、检验、调整时间不足，使得作为新兴事物的高速铁路，在我国的实际运营中还缺乏足够的稳定性，而且对于突发事件的应急处置能力也较为薄弱，这一问题在"7·23"动车事故中暴露无遗。国外没有像我国

这样大规模地建设和运营高速铁路,虽然我国高速铁路已经取得了显著的成绩,但其发展起步较晚,从发展阶段看仍处于初期阶段。我国既有铁路应急救援管理工作较为成熟,但既有线应急管理模式并不能完全满足高铁安全性要求,对高铁突发事件的应急管理还不完善,表现在对高铁突发事件演化机理认识不足、高铁预警机制不完善、预案数字化管理水平较低、多部门协同性联动性水平不高等。根据"变化就是风险"的理念,新技术装备的运用、作业组织方式的变化、高速铁路客流的骤增等都给高速铁路运营安全管理带来严峻的考验。

另外,值得一提的是,京沪高速铁路的降速与"7·23"事故并没有直接的联系,很多人认为是这起事故的影响导致了京沪高速铁路降速。2011年6月30日,京沪高速铁路正式开通,按照时速300公里运营。也就是说,在"7·23"事故发生前,京沪高铁最高运行速度是300公里/小时,不存在降速一说。2017年9月,京沪高铁提速到350公里/小时,创造了世界高速铁路最高运营速度的新纪录。

(2)恶劣天气运输组织案例

2018年初,上海局集团公司管内徐州、阜阳、蚌埠、南京等地区迎来一场暴雪,其中阜阳地区12小时内积雪厚度达300毫米,为十年一遇。暴雪导致管内京沪、宁杭、沪宁、沪汉蓉等多条高速铁路以及普速线路列车出现大面积晚点,部分车站旅客滞留现象严重。面对暴雪灾害影响,上海局集团公司迅速启动扫雪除冰Ⅰ级响应,各单位组织干部职工,成立扫雪突击队,顶着凛冽寒风,赶赴大雪现场,巡查关键设备,清扫积雪,除去冰凌,全力确保运输安全畅通、旅客平安出行。

为保障高速铁路运行安全,零点后在相关线路开行除冰列车。徐州、阜阳、蚌埠、南京、合肥等地区各单位以雪为令、见雪上岗,组织队伍顶风冒雪,昼夜不间断清扫积雪、打冰除凌。与此同时,及时增开1趟阜阳至合肥的普速列车,疏散阜阳地区滞留旅客。客票管理所根据列车开行方案变化,实时跟

图 6.2 各路局采取不同措施扫雪除冰

进调整售票组织,指导各站段做好车票退、改签等服务工作。12306 客服中心利用官方微博和微信、铁路 12306 APP 第一时间对外发布列车停运和晚点信息,方便旅客及时准确获取出行资讯。

在恶劣天气条件下组织运输,各相关部门均应建立应急响应的联系制度,以保证在应急预案启动时,能在规定时间内人员到位。集团应急处理中心应设在集团应急办或调度所安全生产指挥中心,站段应设在段安全生产指挥中心,并保证应急指挥中心电话、网络畅通。正常情况下,高速列车依据时刻表在列车运行控制系统指挥下正点运行。可在大风、大雨、大雪、冰雹等恶劣天气下,列车运行必须调整,在风、雨、雪等恶劣天气及施工情况下,调度员可以发布临时限速命令,这些命令通过无线闭塞中心(RBC)和列控中心(TCC)传送至车载设备(ATP),列车开行到限速路段时,车载设备会自动控制列车限速运行,保障高速列车的安全运行。

2. 国外典型案例

（1）法国 TGV 系统在故障中不断完善

在法国修建高速铁路前，其国内引发了大量争议，很多人对其安全性提出质疑。在高铁运营初期也出现过故障，主要出现在车轮传动和供电系统两方面。这些问题的解决都需要极其细微的调试，大量的金属零部件如同钟表零件，其修理和调试都需要技术和耐心，技术的完善需要时间。

案例一：2015 年 11 月 14 日，法国一列 TGV 试验列车运行在东部新线（巴黎—斯特拉斯堡），在接近法德边境的斯特拉斯堡附近一座桥梁的弯道路段突然脱轨，导致着火焚烧。列车冲进一条名为莱茵-马恩、约 40 米宽的运河，部分车厢落入河中，11 人遇难，5 人失踪，32 人受伤（其中 12 人重伤）。

这次脱轨事故是 TGV 自 1981 年运营以来发生的首次死亡事件。事故发生时列车时速 350 公里，该路段限速 176 公里/小时。当局称是技术问题导致事故发生，列车司机否认超速，在此次事故中仅受轻微外伤。

在事故前一天的 13 日晚，巴黎发生恐怖袭击，造成至少

图 6.3　2015 年 11 月 14 日法国 TGV 高速列车事故场景

129人死亡。在不到1天的时间里又发生高速列车出轨事故，的确让人不安。

案例二：2011年3月3日，15列从法国西部城市开往首都巴黎的高速列车，因停电瘫在半路，导致近5 000名旅客被困在车厢内达数小时。法国铁路部门检查结果显示，当天上午9:00许，高铁西北地区段一侧突然停电，导致上述事故的发生。

除停电外，光缆被窃也一直是困扰法国铁路部门的难题。据统计，2010年因铁路光缆频频被窃，被迫取消共达5 800小时的列车运行，造成3 000万欧元直接经济损失。仅2010年9月，就有160起铁路光缆被窃案。2011年2月初，法国北部阿尔伯特城的一起高铁光缆盗窃导致运营瘫痪。117趟列车晚点，4万多旅客受到影响。痛定思痛，法国国营铁路公司、法国铁路网络公司和法国政府在此事件发生两周后，达成了一项总额4 000万欧元的高铁新保护计划。此外，法国国营铁路公司与法国警方签署合作协议，动用48架直升机在法国3万公里长的铁路沿线巡逻。

法国高速铁路的安全性和铁路系统完善的监测报警系统是分不开的，在巴黎至里昂的高速铁路线上，全线无平交道口和隧道。铁路沿线不设置任何单独的行车信号，而是采用自动安全信号系统。高速列车的紧急刹车距离约为3千米，司机可通过道轨传导的低频电流系统探测前方道路状况。驾驶室和控制中心之间有一套不间断的无线电通信系统，保障列车的高速和安全。与此同时，自动控制系统除完成列车速度自动控制外，还设有设备状态和自然环境检测、报警子系统，进一步强化了列车安全运行的保障功能。旅客报警系统让旅客在发生意外时可利用专门的报警手柄向司机和列车员报警。高速列车还设有司机防睡监视器、火灾报警系统、道路灾情报警系统等。法国高速铁路沿线设有防护开关和应急电话，法国国营铁路公司还

和国家地震局在地中海高速铁路沿线设置了地震监测系统。可见，法国 TGV 高铁系统在故障中得以不断完善。

(2) 德国 ICE 应急预案让事故损失最小化

德国高铁在 1998 年 6 月 3 日发生了一场特大铁路事故，如图 6.4 所示。一列从慕尼黑开往汉堡的高速列车行驶到埃舍德的一座路桥时冲出轨道，撞上路桥，造成 101 人死亡，88 人受伤。此次事故是世界高铁史上第一次严重的伤亡事故，打破了德国制造的神话。

图 6.4　1998 年 6 月 3 日德国 ICE 高速列车特大事故

惨剧发生后，德国相关部门组织了全面的事故调查，找出了事故原因：列车使用的双层车轮破损，车轮破损则是因为钢圈产生金属疲劳而断裂。钢圈断裂后在车轮的作用下，斜刺入了列车地板，余下一小节挂在车底下。但仅是一个钢圈断裂还不至于引发如此严重的事故，导致事故加剧的主要原因就是挂在车底下的那一小节钢条，通过道岔时将防护轨挑起。防护轨洞穿了整个车厢，巨大的抬升力将整节车厢托起。车厢直接脱离了轨道，脱离的车厢车轮正好刮到又一副道岔的尖轨，第二节以后的车厢便彻底偏离了轨道。第三节车厢如同离弦之箭，直直撞向一旁的桥柱，大桥瞬间塌毁；第五节车厢没能躲过坍塌的桥梁，被压在巨石之下；第五节以后的车厢一节接一节地撞在了一起，将事故的伤亡不断扩大。

于是，与事故车辆同型号的列车全部停驶检测，把存在安全隐患的双层车轮全部更换为单层车轮。重新运行之后，最高运行速度也由 280 公里/小时降为 160 公里/小时。事后，负有相关责任的官员和工程师也被送上法庭究责。

经过血的教训，德国高铁更加重视安全问题。最近十年来，德国高速列车没有再发生造成群死群伤的安全事故。然而，虽然没有大事故，像电力中断、中途抛锚等小事故依然时有发生。

2010 年 3 月，一列高速列车在富尔达—维尔茨堡之间因电力供应中断，在一个隧道里抛锚，导致 130 名旅客不得不换乘另一条线上的高速列车，造成 1 小时 40 分钟的延误。

2010 年 7 月和 8 月，因高温天气造成列车空调失灵，先后共有 50 列高速列车发生空调故障，大批旅客出现中暑等身体不适症状。

2011 年 5 月，一列维尔茨堡—法兰克福的高速列车发生一车厢顶部总电闸开关短路事故，引发火灾，导致列车电力供应完全中断，400 名旅客被困。所幸无人受伤，旅客后来转乘大巴继续旅程。

为了有效应对高铁事故，德国铁路部门制定了应急管理预案，目的是在事故发生后，帮助消防等救援人员采取抵御风险措施，减少事故后果。在全国范围内划分了紧急情况区，每一个区都设有一名紧急状况经理，他必须随时都处于待命状态，并在事故发生后 30 分钟内及时赶到现场，向消防救援人员提供专业咨询。德国铁路部门在卡塞尔设有一个培训中心，专门进行紧急状况经理培训。

根据紧急预案，德国铁路部门在全国范围内设有 7 个险情控制中心，负责接收险情报告，通知消防救援人员和紧急状况经理。此外，德国铁路部门支持在各州各社区消防队开展铁路抢险救援的课程培训和训练。在重要的铁路干线，如汉诺威—

维尔茨堡以及曼海姆—斯图加特，还配备有6辆专业救援机车。

欧洲、日本等在发展高速铁路技术时，把应急管理研究和应急体系建设作为重中之重，我国高速铁路应急管理需要进一步加强。目前在故障模拟和应急演练、应急处置能力、安全敏感性等方面需要强化，社会应急资源互通共享不够，铁路和地方应急联动机制不够紧密。此外，针对社会公众对突发事件的敏感反应不够，防范针对性不强，应对突发事件的能力欠缺，这些情况不能适应现实需要。

因此，要按照"统一规划、分类指导、分级负责、条块结合、动态管理"的原则，不断加强和改进应急预案管理，明确管理层和操作层的工作界面、职责权限，持续动态修订完善各类预案，形成严密、高效、实用的预案体系。具体措施有：

① 提高编制质量。编制前，要认真开展突发事件风险研判和应急资源调查；编制中，要广泛征求意见，严格验证审核，明确应急指挥和现场处置人员工作流程，确保预案有效管用、便于操作。

② 加强动态管理。要根据现场演练和应用实践，进行一事一评价、一案一分析和年度综合评估，广泛发动职工找茬纠错，认真检验预案的科学性、完整性和有效性，确保书面预案与现场处置相适应。

③ 丰富预案载体。及时将应急预案纳入岗位作业指导书，分系统编制应急处置操作手册，通过制作流程图、风险控制表、关键作业项点提示卡等方式，不断把复杂的应急预案系统化、简明化，使预案更加直观、易学好记，既强化岗位风险提示，又便于现场操作。

二、高铁客运组织风险

1. 高铁拥挤踩踏风险管理

拥挤踩踏是公共场所比较常见的突发事件，高铁客运站由于交通位置特殊、占地面积大、候车房屋及站台的进站口、检票口、电梯口、楼梯口、出站口、站台边等"五口一边"关键作业点多，一旦日常组织引导不力、突发问题处置和疏导不及时等，易发生拥挤踩踏、群死群伤事故。

（1）产生拥挤踩踏的原因

① 客流高峰、列车大面积晚点预想不充分、处置不及时，造成旅客在候车室等服务场所大量聚集，疏导不力或不及时，发生拥挤踩踏问题；

② 客运组织不当，造成候车室、售票处、实名制查验、进出站通道、站台边、车门口等秩序混乱，服务场所发生旅客拥挤、旅客坠落站台等隐患；

③ 电梯设备操作、使用不当，设备维护管理不到位导致设备"带病"运行，以及设备突发故障、处置不及时，造成旅客在乘梯过程中跌倒、大件行李失控等引发意外伤害；

④ 车站广场、候车室等公共服务场所非法聚会、演出，无安全防范措施，引起旅客和人民群众聚集、拥挤和踩踏事故；

⑤ 公众人物出行，未采取保护和安全防范，造成粉丝追

图 6.5　某高铁车站站台高峰客流

星而引发的拥挤踩踏事故；

⑥ 车站聚集场所短期内出现大量旅客聚集，一旦发生火灾、爆炸等突发事件，预案落实不力、疏散不及时，造成在疏散过程中引发拥挤踩踏、群死群伤事故；

⑦ 携带大件行李的旅客未按规定组织托运，在出行过程中堵塞电梯、楼梯、天桥、车门，引起旅客拥堵或踩踏问题。

（2）主要预防控制措施

① 制定完善应急预案。优化高峰客流组织方案和列车大面积晚点应急预案，实施警戒线管理，截流、分流、引流等措施酌情启动，必要时采用以车代候、限时候车、增开临时候车区等措施，疏解旅客集中出行。

② 加大旅客运输组织。做到检票有计划、放客有控制、关键位置有卡控、岗位作业有联控，确保"五口一边"组织有力、工作有序。

③ 落实好大客流制度。在出现高峰客流、列车大面积晚点等情况下，落实干部值班、带班等卡控制度，启动应急预案，合理均衡安排候车，避免通道拥堵；通过增开实名制验证通道、安检查危通道等措施，做到"不堵不漏"。

④ 建立健全电梯安全管理制度，进一步规范岗位责任、操作规程、日常检查和定期检查、维护保养、定期报检、钥匙管理等制度；维保单位、使用单位分工落实责任；加大电梯运行值守，保证报警装置持续有效运行，一旦旅客被困报警，要立即做出应急响应；每日开启运行确认，运行期间定期巡视，停运后全面检查，发现隐患立即处理，杜绝电梯"带病"使用；按照电梯分类等级管理规定，引导旅客安全乘梯，及时发现、制止不文明乘梯行为，确保电梯不挤不堵。

⑤ 严格车站广场、候车室演出审核，遇公众人物乘车、公众场所演出等，必须提前做好应急预案和安全防范措施，加大组织力量，全面抓好应对，防止追星粉丝聚集、冲撞服务场所，造成旅客拥堵。

⑥ 加大突发问题应急处置培训。针对高铁客运站存在的风险制定行之有效的应急预案，加强干部职工的意识教育及能力培训，做好日常客运人员应急演练，保证在客运站风险发生时迅速高效地做好疏散工作和各项补救措施，防止事故范围扩大和影响升级。

⑦ 加大日常安全宣传引导。人员的安全素质是造成事故发生的重要影响因素。一方面，如果大家都能有较高的安全意识，在一定程度上可以规避拥挤踩踏事故的发生；另一方面，遇到突发事件时，人们良好的安全素质和心理状态对于事故的控制具有重要作用，而恐慌心理的出现和扩散会引起人群的心理不稳，进而引发更大的事故。因此，各高铁站应加强宣传突发事件的自救意识和方法，努力提高工作人员与公众自身的安全意识，可以有效地降低拥挤踩踏事故的发生。

⑧ 完善应急处置机制。应急是车站进行客运组织工作的重要保障，车站事先要建立拥挤踩踏事故应急预案，建立良好的调度和应急联动机制，以便发生拥挤踩踏事故时能够使消防、医疗、通信等部门对旅客进行联合救援，并定期组织工作人员和消防人员进行拥挤踩踏事故应急处理演练，增强对事故发生的疏导管理能力，一旦发生事故能及时地对人群进行疏导和分流。

2. 高铁火灾爆炸风险管理

高铁车站拥有大量的自动化设备，使得大空间中电器空调线大量分布，再加上电梯、楼梯、竖井等大量竖向开口，易造成火灾、爆炸事故的发生。此外，由于工作人员操作不当也有可能引发火灾、爆炸事故。火灾报警系统故障、消防人员技术素质不高、建筑或设备材料易燃和车站应急组织预案执行不力等问题，是导致高铁站火灾重要影响因素，应重点预防。而车站设备日常检查落实不力、作业人员用火不慎、工作人员违章作业或操作不当、旅客吸烟等不安全行为和商业配套区域起火等，也应予以足够的重视。

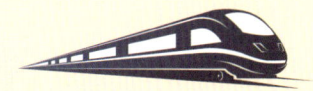

(1) 火灾爆炸的原因

① 安检查危岗位制度落实不严。如：安检漏检造成旅客携带危险品进站上车；旅客携带危险品从非正常通道进站上车；旅客托运的行李包裹，未执行"开箱视检、过机透视、实名制登记"三个100%要求，未做好托运人或经办人姓名及证件的登记，致使旅客夹带或匿报危险品进站而引发火灾或爆炸事故；等等。

② 服务场所禁烟制度落实不严。因高铁站禁烟场所禁烟制度监督落实不到位，网格化巡视制度落实不力，旅客个人违章吸烟、乱扔烟头等问题未及时制止，服务岗位、禁火场所违规动用明火等，引发火情或火灾。

③ 大功率电器使用管理不到位。客运服务岗位违规私自使用大功率电器，电线路老化、未及时更换，弱电电源管理失控、电路短路，广告灯箱电源等乱拉乱扯，日常管理不善、超负荷使用，等等，都会引起火灾或爆炸。

④ 旅客夹带危险品进站。容易发生携带危险品起火或爆炸，甚至造成高铁列车起火；车站电器设备超负荷使用、禁烟场所动火，势必会引起服务场所站房起火；旅客匿报品名托运行包，易引起行包仓库或高铁行包车起火。

(2) 火灾爆炸预防控制措施

① 加强携带品安全检查。加大安检查危人员配备，把责任心强、志愿从事安检查危工作的人员，补充到安检查危岗位，加大日常安检查危力量。加大安检设备投入，对安检仪进行更新，统一配备双源安检仪，更新防爆罐和防爆毯，配备爆炸品探测仪和液体探测器，配备充足的金属探测器，对安检仪前后端、安检仪进出口安装监控设备，确保装备精良、设施齐全、状态良好。加大日常检查处置。组织严格按照"控流、引导、值机、手检、开包"的安检模式，确保携带品件件过机，旅客人人过门、手检个个过关，对可疑物品必须进行开箱（包）检查，发现禁限物品按规定做好登记、处置工作，遇有

难以处置的问题应及时报告现场执勤民警。

② 严格查处违禁品管理。对检查发现旅客携带其他禁止和限制携带物品或超量携带限量物品时，安检查危人员应明确告知旅客该物品严禁携带进站上车，由旅客可选择托运、交送站亲友带回或自愿放弃物品等方式进行处理。危险物品暂存安检区域时，应放入危险品存放柜，分类存放，并予以锁闭保管。对查获的交由公安部门处置或旅客放弃的禁止、限止和限量物品应分别进行登记，粘贴标签，并注明处理情况。对查获的鞭炮、发令纸、摔炮、拉炮等易爆物品应立即采取浸湿处理。存放危险品的库房必须符合消防安全法规和消防技术标准要求，不得与居住场所设置在同一建筑内，并与居住场所以及车站行车、售票、候车室等重点要害部位保持安全距离，有良好的隔热、通风条件，配备足够有效的灭火器材。每月不少于一次对仓库进行检查，每季度车站公安派出所不少于一次开展查没危险品的处理，及时消除仓库安全管理隐患，严防仓库存储物品发生火灾或爆炸。

③ 加大禁烟消防安全管理。健全消防重点处所禁烟管理制度，严格消防重点场所进出管理；建立严格的动火审批制度，动火必须有审批、有防护措施，杜绝违规使用明火；加大禁烟安全宣传，按规定张贴禁烟标识，落实禁烟广播宣传，严格网格化巡视制度落实，做到禁烟处所不吸烟，发现吸烟旅客及时进行劝阻和制止；按标准配置消防器材，每月对消防设施进行检查，对消防设施状态进行签认，确保消防设施期限完好有效；强化垃圾桶等高危部位的检查，发现异常及时处置，防止发生火情；加大对岗位作业人员消防知识配备，确保所有从业人员对"三懂三会"内容熟知会用，一旦发生火情会应急处置，消除初起火灾隐患。

④ 严格大功率电器管理。建立健全大功率电设备使用安全管理办法，定期开展检查巡视；严格设备寿命管理，一旦检查发现电气设备超期使用现象，一律停用、收回和统一更新配

备；对生产岗位配备的大功率电器，必须按操作说明操作设备，不违章使用大功率电器、不超负荷用电，不得在人员离开的情况下使用大功率电器；定期开展用电设备检查，杜绝设备带病使用；加强各岗位检查巡视，发现违规使用大功率电器等问题，及时制止，按章处理。

⑤ 严格商业配套设施管理。车站设置的商店、广告等商业设施，必须经由车站、新上铁、文广公司等共同确定、报请集团公司客运处批准；商业配套设施布局合理，安全牢固，不得影响旅客出行，不得影响站房、车辆、行车和人身安全。所有商业用电和广告电源应单独设置回路，不得影响照明用电的安全，不得私自增加用电设施、超负荷使用电器。新上铁、文广公司和车站必须建立日常巡检制度，明确相关责任人，加强日常动态巡检，发现商业场所违规私增大功率设备、超负荷使用电器，广告媒体存在故障、破损以及电线老化，应当敦促商业和广告管理单位立即维修整改，危及安全时，应立即督促拆除，有效消除电器设备老化、超负荷使用可能引起的火灾隐患。

⑥ 严格进出通道、便门管理。高度重视通道和便门的管理，组织对高铁站区进出站通道和便门进行摸底排查，对违规设置的进出站通道和便门一律进行封闭管理；加大对进出站通道、便门的管理力度，执行进出站通道、便门专人值守、管理，对进站人员一律引导通过进站口安检进站，严禁进站人员携带危险品从便门进站，监督杜绝出站口违规进人、违禁品和危险品违规进站上车。

⑦ 加强安全教育和培训。定期对车站工作人员和旅客开展安全教育和培训，通过日常对工作人员的安全教育、培训，培养员工严格遵守安全操作章程的责任意识，提高应对突发火灾的应急组织能力；通过在车站内的宣传教育，定期举行火灾演练等措施，提高旅客的安全意识和自救能力。

⑧ 完善火灾爆炸应急预案。根据"预防为主，防消结合"的基本原则，建立健全具备完善的防护、监控、报警、救援等

设备，确保火灾爆炸发生后，能及时发现、迅速扑灭，并在最短时间内安全疏散旅客，最大限度减少火灾造成的人员伤亡和财产损失。防止因应急救援处置不及时，发生二次火灾爆炸而引发更大次生灾害问题发生。

3. 高铁旅客伤害风险管理

高速铁路旅客伤害包括旅客摔伤、物品砸伤、旅客烫伤等情况。

（1）旅客摔伤

① 车门口摔伤。旅客在站台上和车门口上下车时不慎摔伤，主要原因系站台与列车车门间缝隙较大。虽然按规定既有列车车门口均使用安全渡板，但由于旅客上车拥挤，车门口摔伤情况仍较多。动车组列车由于站车工作人员配置少，车门口防护力量薄弱，旅客在车门口摔伤也时有发生。

② 车站站台及厕所摔伤。若车站地面材料防滑程度低，加之站台使用无柱雨篷防雨效果差，雨天旅客滑倒情况多；若车站厕所保洁质量不高，地面湿滑也导致旅客摔伤；部分旅客上车时间较急，旅客在站台上奔跑，导致摔伤。

③ 楼梯扶梯摔伤。主要原因是旅客在车站楼梯、电扶梯处站立不稳，摔落导致受伤；部分旅客大件行李摆放不稳摔落导致摔伤。

因此，在应对旅客摔伤防范工作中，要加强以下工作：

① 车门口安全乘降的宣传工作。列车积极与车站配合，严格落实"双开门"工作，防止上下旅客相互拥挤，导致摔伤事故的发生，做好站台上摔伤旅客劝阻上车工作，防止因上车延误治疗时间，导致伤势加重。

② 在列车运行中的宣传工作。对重点旅客乘车的安全宣传和关注，防止重点旅客因列车紧急制动等原因，造成摔伤事故的发生。

（2）物品砸伤

随着人民生活水平的不断提高，旅客出行时所带行李相对

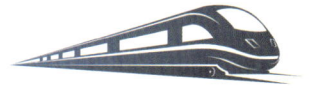

增多,被行李或行李袋内滑落的物品砸伤的事件也时有发生。从砸伤情况看,主要是旅客在放置行李时没有放置平稳,或是包内其他物品滑落导致砸伤旅客。同时,由于动车乘务人员配置相对较少,乘务员还来不及整理到事发车厢,已发生行李砸落现象。

因此,在行李物品砸伤的防范工作中,要深刻吸取事故教训。通过广播加强对行李放置平稳的安全宣传,乘务员要及时整理车内行李,发动保洁与配餐人员,对车内行李进行整理以防止滑落。特别是大站开出后的行李架整理工作,防止行李摆放不稳或旅客取物后未放置平稳,导致行李掉下砸伤旅客的事故发生。

(3) 旅客烫伤

旅客烫伤主要是因为以下原因:①列车运行中,部分路段的不平顺,导致桌上茶杯、速食碗面等溢出或倒翻;②旅客打开水时不慎导致烫伤;③旅客行动(起立、转身等)不慎重压桌面,导致茶几下翻茶杯倒翻。

因此,对于防烫工作,列车乘务员要加强日常的安全宣传。在车厢巡视中,列车乘务员主动引导旅客正确使用热水器,帮助旅客将杯具放置在合适位置,防止烫伤事故的发生。

三、行车组织风险

1. 运行图基础数据维护不及时或错误风险

新图(即新运行图)实施过程中,如果旅客列车办客站、动车组列车办客股道、列车运行径路等未经核对,TDMS5.0系统上运行图丢失运行线(俗称"丢线")等,极有可能造成列车错办等事故。因此,需要加强以下方面的工作,发现差错及时更正、及时反馈、及时上报:

① 按规定的格式制作新旧交替表,核对正确后导入TDMS系统,并根据修改电报和文件进行再核对、再修改,

确保新图数据在传递、生成及上传过程中完整无误；

② 新图实施期间，及时搜集各调度台新图使用情况的信息；

③ 制订新旧交替计划，在新旧交替期间，安排人员进行安全把关；

④ 列车调度员加强运行径路、办客站、办客股道资料的核对；

⑤ 加强与软件部门、行车台的核对工作。

2. 列车运行图调整培训不到位风险

如果没有及时组织新图培训、没有制定新图实施期间重点注意事项，作业人员没有掌握新图变化特点，都极有可能在新图实施过程中出现差错，造成事故。因此，需要加强以下工作：

① 按照《新图实施管理办法》做好新图实施工作，相关部门做好新图实施前的人员培训工作，组织对新图的学习和考试；

② 指定专人管理基本图基础数据，完整保存改图的文件和电报，建立列车运行图修改台账，详细记录文电号、执行时间、修改范围；

③ 做好新图实施前的人员培训工作，组织新图学习和考试，确保相关调度人员考试合格，能准确掌握新图变化与特点，并积极采纳有关人员对新图的合理建议，及时向有关部门反映；

④ 列出新图实施期间的重点注意事项，细化新图中的各项要求，特别是牵涉到列车运行安全的重点事项（如禁止进入高站台的客车）。

3. 客运日班计划编制错误风险

如果日班计划的每日一图上漏下或错上运行线（俗称"线条"），办客站及办客站时刻信息没有核对正确、列车运行径路选择错误，那么极有可能误导调度和现场的作业，造成列

车错办。

为此，客运调度室依据基本运行图，总公司客调命令、邻局客运调度命令，路局有关文件、电报，站段有关旅客列车甩挂、回送、取送的申请，集团公司主管业务处的书面通知等资料，编制客运日班计划，并加强以下几方面的工作：

① 客运调度室每天指定专人负责将次日的日计划内容按规定（匹配到各相关行车台）的格式录入 TDMS 系统客调子系统，并生成客车交路图；

② 客调室内部实行一人输入、一人核对、主任审核制度，录入完成并确认无误后上传系统；

③ 日班计划信息上传下达后应加强核对，特别是在调整运行图（简称"调图"）和临时客车（简称"临客"）开行期间；

④ 回送临客计划、轨检车计划、重点列车、客运调度重点提示计划等文本信息由客调室通过 TDMS 系统客调子系统录入，并按规定匹配到相关行车台。

4. 列车运行调整计划下达和执行风险

按照《铁路技术管理规程》（高速铁路部分）的规定，动车组列车在车站办理客运业务时，须固定股道、固定站台、固定停车位置。在列车晚点和其他列车进路交叉的情况下，当计划变更而列车仍要接入固定线路，涉及环节就比较多，易出现顾此失彼的现象。例如，遇列车晚点列车调度员未按规定及时下达阶段计划；变更动车组办客股道调度命令未下达至综控台；综控台调度员接收命令后未及时调整；等等。这些，都极有可能耽误列车或造成客运组织的混乱。

因此，当遇"列车晚点、运行调整"，需要变更列车到发股道，列车调度员应按规定正确及时下达列车运行调整计划，必要时以调度命令形式下达综控台，或口头（电话）通知综控调度员，且变更计划的时机应满足客运组织的要求。综控台加强与行车台及车站的联系，密切监控各项设备状态，正确处理各种突发事件。如 TD 信息中断或局控来不及的情况下，综控台应及时转为站控模式。

四、高铁动车组设备风险

高铁线路是全封闭线路，且动车组列车适应自然环境能力较强，基本不受雨雪雾的影响，可以全天候运行。尽管如此，动车组在高速运行时仍会受到外界干扰，如旅客吸烟、外物撞击、人为开启车门或在极端天气条件下，动车组高速运行存在一定的安全风险，造成列车晚点、停运，甚至发生火灾、爆炸、脱轨等严重铁路交通事故。

1. 动车组火灾报警风险

动车组车厢为全封闭结构，车厢内的通风依靠全列车空调系统的通风装置，通风装置将室外的新风经过过滤装置处理后循环导入车厢内，能够保证车厢内的空气质量。一旦出现异常烟雾，则会破坏车厢内空气质量，因此动车组车厢内布有烟火报警装置，对动车组的火灾危险区域进行监控；同时，若车厢内发生真实的火情、火警时，烟火报警装置会及时报警，可以防止火灾的发生。

火灾报警系统包括一个烟气检测控制单元、一个线性热探测器及多个光学烟气探测器。当探头检测到烟雾值达到一定浓度时，烟火主机接收到信号，自动触发报警。列车发出火灾报警后，列车值乘人员需立即采取措施，并根据处置情况采取降速或停车处置。

2017 年 5 月的一天，成都东—德阳的 C6216 次城际列车，运行至成都东—青白江区间时，烟雾报警器突然响起来，动车速度骤减。列车员在 4 号车厢厕所里发现一名吸烟旅客。据了解，该小伙因与女朋友闹分手，心情烦闷而在动车上吸烟。最后，德阳车站派出所民警根据《铁路管理安全条例》对小伙依法处以 500 元罚款，并进行批评教育。

2016年9月22日，一名六旬男子坐上从武汉开往合肥的高速列车，列车快要抵达合肥南站时，男子在洗手间抽烟引发烟雾报警器，"逼停"高速列车两分钟。民警对其进行了严肃的批评教育，并根据相关法律法规对其进行了处罚。

根据最新规定，在动车组上因抽烟被公安机关处罚的旅客，将被暂时限制购买动车组车票。

2. 动车组撞击异物或遭击打风险

动车组列车运行速度高，最高可达350公里/小时。高速运行的列车若与擅自闯入线路的人员、动物碰撞，势必造成伤亡，同时也会造成动车组部件受损。若高铁沿线有树木侵限、轨道上有其他较大的杂物时，列车高速运行并发生碰撞后，会造成车头部、排障器等部件严重受损。若坚硬的外物卷入车底或卡住高速旋转的轮对，甚至可能造成列车脱轨、颠覆等极为严重的后果。若铁路沿线有风筝、孔明灯、气球、广告幕布等高空物体进入时，极易缠绕动车组车顶高压设备，一旦发生此类情况，将造成动车组高压接地及接触网"跳闸"，动车组供电被迫中断，列车将无法继续运行。

2017年9月3日，河北省滦县村民庞某在当地青龙山高铁沿线附近试飞自制航模时，因操作不当导致航模失控，掉落在京秦高铁线路上，导致高速行驶的G2604次列车停车，造成列车晚点22分钟。庞某也因此被铁路警方行政拘留。

2017年11月，广州南—南京南的G1128次列车在高速运行过程中，撞击了擅自闯入高铁线路的闲杂人员，导致闯入者当场死亡，并使CRH380B型动车组头罩、排障器等部件严重受损，造成动车组列车不再具备正常运行的条件。

2018年5月3日，江西省九江市湖口县某中学的7名学生，通过翻爬衢九铁路进入铁路栅栏网内玩耍。其间，在铁轨上放置3颗石子，被随后经过该路段的G1650次高铁列车碾压，致使列车制动装置损坏，且在此区间临时紧急停车41分钟，严重影响了高铁线路的运营安全。经过相关部门定损，7

名学生将承担 5 万元的经济赔偿。

2018 年 8 月 12 日 23 时 4 分，京沪高铁廊坊—北京南区间，遭遇 6 级大风刮来的沿线临时搭建民房彩钢板的撞击，364 平方米的大面积彩钢板飞落在高铁线路上，接触网严重损毁（7 处脱落），高架桥上 30 多米护栏和一处变压器箱被砸坏，造成杭州东开往北京南的 G40 次列车自动紧急停车、停电（接触网跳闸）、车头玻璃出现裂痕等。本该于 23:23 抵达终点的列车，晚点近五个半小时后，于次日清晨 4:54 才抵达北京南站。除 G40 次列车外，后续从合肥南、哈尔滨西、青岛、上海虹桥开来的 4 趟列车也全部晚点。受该突发事件的波及，造成次日北京南站始发终到共 45 趟列车停运，多趟列车晚点，大面积旅客滞留车站。北京南站紧急开启 28 个退票窗口和 6 个改签窗口，为旅客原价退票或改签。

3. 人为操作造成动车组故障风险

动车组车门是旅客上下车的通道，车门的开与关由动车组司机在司机室内集控操作。车门具有障碍物检测、车门关闭状态监测等功能，一旦有旅客擅自打开车门、擅动紧急装置或阻挡正在关闭的车门时，出于安全考虑，动车组会报车门故障，并进一步影响列车牵引性能，运行中的动车组会立即紧急制动停车、准备发车的动车组则无法正常开车。

2015 年 6 月 29 日，一位汪姓旅客从合肥南站登上一列开往汉口的动车，出于好奇，竟蹦起来按下了车上的紧急制动按钮，造成列车紧急停车并导致晚点。随后，铁警对汪某这种影响铁路安全的行为，进行了批评教育，并进行了相应处罚。

2015 年 7 月 3 日晚上 8 时许，由上海虹桥开往深圳北的 D2283 次动车撞上了周某军放置的台虎钳，被迫临时紧急停车，造成 3 趟动车反向运行，6 趟动车不同程度晚点，8 趟动车限速运行，直接经济损失 3.5 万元。事后，嫌疑人周某军以"破坏交通设施罪"被起诉。

2018 年 1 月，合肥站一名女性旅客以等丈夫为由，多次

用身体强行阻拦动车组车门关闭，导致列车始发晚点，造成不良的社会影响。此行为涉嫌"非法拦截列车、阻断铁路运输"，扰乱了铁路站、车正常秩序，违反了《铁路安全管理条例》第 77 条规定。依据该条例第 95 条规定，公安机关责令其认错改正，对其处以 2 000 元罚款。

2018 年 6 月 26 日，郑州东开往安阳东的 G6602 次高速列车运行中，由于车内火灾烟感探测报警仪发出火灾警报，列车紧急制动。随后工作人员到报警现场，排查原因为一女子在车厢内喷洒高浓度香水，香水浓度超过报警限值，导致发生火灾警报。这起事件虽然列车延误仅 3 分钟，但导致系统内列车运行次序的变动。

五、高铁供电系统安全风险

高铁供电系统运营风险大致可分为外部环境风险和运行风险。外部环境风险要素主要指温度、风、霜、雨、雪、雷电以及覆冰和环境污染等；运行风险要素主要指动车组列车作为高速铁路供电系统的移动用户，其运行速度、开行对数、受电弓性能以及同时工作数量等。这些要素的具体情况对高速铁路供电系统性能、运行状态、安全可靠性等均有较大影响。

1. 供电系统遭受自然灾害的风险管理

（1）遭受雷击的风险管理

根据运营经验，每年雷击供电设备导致跳闸数量占接触网全部跳闸数量的一半左右。以 2016 年统计数据为例，1～9 月份雷雨季节共计发生跳闸占全部跳闸总数的 48.67%。其中高铁雷击跳闸占雷击跳闸总数的 73.72%，所占比重较大。由此可见，高速铁路供电设备遭受雷击的风险极大。

雷电对高铁供电系统的危害主要有两种：①雷击接触网设备，引起牵引变电所馈线断路器跳闸，中断供电，影响正常运输秩序；②雷击牵引所亭设备，引起牵引供电设备损坏。

① 雷击接触网设备。高速铁路因高架线路占比多、沿线气候复杂等因素,导致供电设备遭受雷击概率增加。雷击高速铁路接触网绝缘设备,导致绝缘设备瞬时击穿,引起牵引变电所馈线断路器跳闸,中断供电,高速列车将被迫停止运行,对旅客与高铁运营产生很大影响,甚至造成巨大的经济损失。

2013年8月10日,某高铁线路发生雷击,导致支柱F线悬式绝缘子遭雷击炸裂,影响列车运行45分钟。

② 雷击牵引所亭设备。高速铁路牵引所亭保护、远动、通信等微机保护系统大量使用半导体、大规模集成电路等微电子元件,这些微电子元件的耐过电压、过电流水平比原来的晶体管电路脆弱了许多,微电子元件工作电压只有几伏,工作电流只有几毫安,工频耐压水平不到100伏。一旦遭受雷电侵入,后果不堪设想,将直接导致牵引所亭供电设备瘫痪,故障无法隔离。

2016年6月1日,某高铁牵引所遭雷击,部分设备烧损、变电所全所停电,通信中断,影响行车2小时45分钟。

因此,为尽量减少雷击对牵引所亭设备的危害,在进行牵引供电设计时,充分结合周边地形地貌和当地气象条件,提高相应的防雷标准。同时基于现行相关设计标准,加强牵引变电所控制室二次设备抗雷电入侵防护能力,所内所外设备之间进行电气隔离,牵引变电所围墙以外电动隔离开关设备通过光纤控制,牵引变电所原则上不向所外设备提供交直流电源,接触网线路隔离开关操作机构箱内电源就近引接独立电源,避免出现全所控制保护失效的严重后果。

(2) 遭受暴雨的风险管理

汛期多雨季节,短时强降雨易导致高铁接触网支柱松软或坍塌,严重时造成支柱倾倒或倾斜,不仅直接损坏接触网设备,而且可能造成行车事故。如遇暴雨,在山区地段形成洪水,将冲毁路基,出现支柱倾倒,接触悬挂和附加悬挂的支持装置、绝缘部件损坏,造成塌网等大面积损坏情况。如某高铁

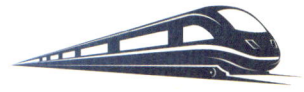

线路上的隧道口曾遭暴雨侵袭，导致隧道口山体滑坡。

因此，为防止暴雨损害接触网设备，在雨季，可以通过增加雨中、雨后的特殊巡视，发现支柱基础有松软、塌陷的地方，及时进行填埋处理。供电部门根据防洪预案，配齐防洪材料、机具。如遇洪水暴发，发生险情，可立即出动进行抢险，将灾害损失降到最低的程度。

（3）遭受大风的风险管理

大风主要影响高速铁路接触网设备。大风增加了线索和支柱的机械负荷，又使接触线在各种风向和风速的作用下产生摆动、震动，从而引发弓网事故。

2018年1月24—25日，京沪高铁接触网F线受降雪大风影响，舞动较大，与PW线绝缘距离不足，引起跳闸，F线损伤，越区供电。

因此，为减小大风对接触网设备的影响，在建设时，对于大风区段，加装防风支撑，以增加支持装置的稳定性。同时，也可考虑用增加拉线、减小跨距等方式减小风偏。

（4）遭受冰冻雨雪的风险管理

在冬季，接触线及承力索等线索上会出现覆冰，覆冰会增加接触网的机械负荷，使接触网的技术状态发生改变，严重时会影响高速列车的正常运行，发生弓网故障。此外，冬季严寒天气，气温急剧下降会使接触网和承力索的张力弛度发生较大变化，导致支持装置、定位装置偏移，如果偏移过大、超限，就会造成定位拉脱、绝缘子断裂，从而引发弓网事故。

为减少冰冻雨雪对接触网设备的影响，一方面，气温急剧变化时，提前考虑各种线索张力的变化，检查隔离开关引线、线岔等重点设备；另一方面，出现线索覆冰时，铁路部门会及时出动除覆冰列车，进行破冰、融冰作业。

2018年初，徐州、阜阳、蚌埠、南京等地区迎来一场暴雪，其中阜阳地区12个小时内积雪厚度达300毫米。上海局集团公司迅速启动扫雪除冰Ⅰ级响应，组织干部职工成立扫雪突击队，顶着凛冽寒风，清扫关键设备积雪，除去冰凌，全力确保运输安全畅通、旅客出行平安。尽管如此，此次降雪导致京沪、合宁、合武、郑徐高速铁路等主要干线列车大面积晚点，尤其是对京沪和沪汉蓉高速铁路影响较大，部分列车晚点时间较长。受这次暴雪影响，上海局集团公司共停运旅客列车 627 列（动车组列车 391 列、普速列车 236 列）、折返 20 列。

其间，调度所行车、车辆、安全等部门负责人 24 小时盯台把关，加强列车运行监控，果断处置各类突发事件，维护运输秩序。对京沪高速铁路滁州、定远、蚌埠、宿州等站，实施列车固定进路接车，以减少现场因道岔清扫作业对接发列车带来的影响。管内多条高速铁路线路开行除冰列车，以确保列车运行安全。

安全监察室下发《做好暴雪恶劣天气应对督查工作的通知》，重点围绕各单位应急响应部署、现场安全措施落实、设备检查整治、非正常应急处置等方面强化监督检查。同时组织安监人员加强行车组织、重点站车、上道扫雪作业等现场盯控把关，确保应急预案及时启动、处置措施落实到位。

各客运部门加强与调度部门的联系，实时掌握各趟列车运行情况，做好运营方案调整工作，及时公告影响列车正常运行的信息，并做好宣传工作。与此同时，及时增开 1 趟阜阳至合肥的普速列车，疏散阜阳地区滞留旅客。客票管理所根据列车开行方案变化，实时跟进调整售票组织，指导各站段做好车票退、改签等服务工作。12306 客服中心利用官方微博和微信、铁路 12306 手机 APP 第一时间对外发布列车停运和晚点信息，方便旅客及时准确获取出行资讯。

在遇到大风、大雨、大雪、冰雹等恶劣天气下，列车不能按预定时间和速度运行，调度员可以发布天气影响路段的临时限速命令，这些命令会通过无线闭塞中心（RBC）和列控中心（TCC）传送至车载设备（ATP），列车开行到这一路段时，车

载设备会自动控制列车限速运行,保障高速铁路安全运行。

(5)其他风险

2016年3月24日,山东胶济铁路线路接触网跳闸突然停电。原因竟然是一名男子用弹弓打鸟时,打碎了铁路线上供电系统的绝缘子,造成部分列车晚点。

2. 供电系统设备运行风险

高速铁路接触网设备因无备用、露天架设、供电区间长、与受电弓长期滑动摩擦,发生故障的可能性大;对于牵引变电所众多的高压绝缘设备,牵引负荷的随机冲击、不平衡等特性使其服役环境复杂多变,系统的电能质量问题,如谐波引发谐振造成过电压,对设备绝缘性能具有一定破坏性,同时存在故障的可能性。而牵引供电系统或设备一旦发生故障,极有可能导致列车停运、降速、晚点,甚至可能发生涉及人身财产安全的事故,后果十分严重。

(1)接触网设备运行风险管理

高速铁路接触网设备沿线路架设,零部件繁多、结构复杂且全部都安置在室外,受设备性能衰退、弓网相互摩擦磨损导致匹配不良,出现打弓拉网事故等因素影响,会出现零部件松、脱、卡、磨、断等各类故障。不仅需要对设备进行大修或整体更换,维修费用高昂且维修耗时较长,使高速铁路无法正常运营,造成不良的社会影响也难以估计,安全风险后果十分严重。

因此,为减少接触网设备故障对高速铁路正常运行的影响,要加强以下几方面的工作:

① 加强日常维修维护活动的针对性。按照维修规程、检修导则及技术标准等,对重点设备加强维护。

② 加强日常监测检测。充分利用供电6C系统各先进装置,对接触网设备开展周期性监测检测,提前发现设备缺陷,防止缺陷扩大引发事故。

③ 加强应急抢修能力。一旦出现设备故障,尽量缩短故

障恢复耗时,减小对高速铁路正常运行的影响。

(2)牵引变电设备运行风险管理

高速铁路牵引负荷变化剧烈、冲击频繁,其负荷特性可能引发电能质量问题与事故。以牵引变压器为例,同电力变压器相比,牵引变压器在运行过程中,除相互关联的电场、磁场、温度场、应力场等多物理场与环境因素会影响其服役性能,还频繁遭受牵引负荷和接触网短路电流的冲击,具有明显的特殊性。该特殊性具体表现在:

① 负荷不平衡性。牵引网两供电臂负荷的不平衡性,导致不同绕组温升和老化程度存在差异。

② 负荷冲击性。如负荷陡变、周期变化频繁、过负载要求高,巨大电磁应力使绕组、铁芯和绝缘易受到破坏。

③ 负荷非线性。交直交型高速动车组具有较普速铁路更宽的谐波输出频谱,产生高次特征谐波,使得牵引变压器的铁芯和绕组等产生附加损耗,加剧铁芯和绕组老化。

同时,牵引负荷特性造成系统内部出现的电能质量问题,如由于谐波与系统参数匹配引发谐振现象,造成的过电压会对避雷器产生较大的破坏作用,可能直接引起爆炸事故,影响和危害设备及系统安全。

因此,为减少牵引所亭设备对高速铁路正常运行的影响,一方面,铁路部门加装牵引变电所在线监测系统,依据在线、实时监测,周期、状态检修相结合的原则,降低设备故障率;另一方面,合理安排运力,系统规划运行图,避免出现不同区段行车密度存在巨大差异,减少行车负荷对牵引设备造成巨大冲击。

(3)电力设备运行风险管理

由于高速铁路采取高速度、高密度、长编组(部分)的运输组织方式,电力专业的运行、维护、安全管理等工作,与普速铁路相比有较大的不同,技术要求更高,设备更可靠,对安全风险的管理更加严格。高速铁路电力远动箱式变电站是高速

铁路电力供电系统的重要组成部分，直接为通信、信号行车设备等一级负荷提供电源，同时担负着沿线隧道照明、警务区、岗亭等其他三级负荷供电任务。电力设备一旦出现故障，将直接影响高速铁路信号正常使用，严重影响行车。高速铁路电力设备主要故障为箱式变压器故障、电缆故障、远动故障等。

随着高速铁路的建设发展，在高铁的电力系统中应用了诸如智能箱式变压器、高压 GIS 开关柜、干式变压器、低压智能模数化组合开关柜等新设备，采用贯通线路全电缆模式，并通过 SCADA 系统实现对全线电力设备的遥控、遥测、遥信等自动化管理功能，使设备的可靠性、稳定性、安全性比普速铁路电力设备有了很大的提高。

（4）高铁线路弓网故障案例分析

某次下行列车运行至 A 站至 B 站间，因受电弓不明原因降弓停车，机械师下车检查发现受电弓存在被击打情况，设备不超限，可以限速运行至前方 B 站处理。列车限速运行至 B 站后，随车机械师对受电弓进行了捆绑处置，运行至终点站后入动车所检修，后续交路由热备动车组担当。故障处置过程如下：

列车调度员接到故障通知（司机汇报的故障信息）后，立即与随车机械师联系，详细询问故障列车停车地点、故障现象、降弓公里标等信息，与供电调度员联系询问接触网供电状态有无异常，将故障车次、停车地点、降弓地点、故障代码等信息及时向供电调度员进行了通报，并将故障情况通报高铁值班副主任。同时，扣停后续列车，查看动车组运用计划，核实停放在动车所（库）内的动车组车底和热备动车组信息，安排热备动车组接开故障动车组后续交路。

在随车机械师下车检查后，汇报受电弓存在被击打情况，可以限速运行至前方站进行捆绑处理的情况下，组织列车运行至前方站侧线停车，与供电调度员联系做好接触网停电，配合机械师登顶作业准备工作。布置后续首列限速 80 公里 / 小时运行观察接触网状态，在后续首列反应无异常后恢复列车正常运行。

故障动车组在 B 站进行登顶作业前，列车调度员在确认具备停电条件后，通知供电调度员进行停电，在接触网停电后，向故障动车组司机发布准许登记作业的调度命令，随车机械师根据调度命令进行登顶作业。在登顶作业完毕、确认具备送电条件后，列车调度员通知供电调度员送电，并组织列车恢复正常运行。

高铁值班副主任接到故障通知后，立即向集团公司应急指挥中心报告，并到调度台进行应急处置把关和指导，协调各工种开展应急处置工作。

供电调度员接到故障通知后，立即查看供电设备状态，并将有关情况及时通报列车调度员。同时，通知现场供电工区人员采取添乘、巡视等方式对接触网状态进行检查，并做好故障抢修准备工作，协助随车机械师在 B 站的登顶作业。

客运调度员根据热备动车组启用安排，及时发布客调命令，安排热备车客运乘务人员。

在该弓网故障应急处置中，涉及受电弓故障和动车组登顶作业，现场作业安全和放行列车安全风险突出。此时，列车调度员和现场作业人员（司机、随车机械师、供电人员、列车长等）严格按标作业是确保应急处置安全的最核心要素。

六、高铁通信信号设备风险

1. 列控系统主要风险

（1）软件配置、数据错误的安全风险管理

① 写入的应答器报文不正确。在人工写入配置的 LEU、应答器报文参数时，如报文写入了不正确的应答器，或者应答器组内顺序不对，会导致 ATP 判断应答器组信息错误，要么丢弃该组应答器信息，要么触发链接反应输出制动，影响动车

组正常运行。

因此，为了防止人工错误写入应答器报文，应答器写入工具应采用双人复核、回读确认的方式，确保报文修改的正确性。此外，还可以研究报文自动校准技术，通过特殊手段判断写入的报文与既有报文的序号一致性，避免人工写入报文可能引起的错误。

② 列控软件缺陷、版本错误、数据错误。在实现地面软件的时候，由于列控软件设计错误或者升级软件的版本不正确（例如，车载计算制动干预曲线时，所使用的由地面发送的线路允许速度值，与当前的列车实际运行的线路允许速度不一致），就有可能造成计算的制动干预曲线不正确，那么ATP车载设备就可能存在超速的安全风险，危及行车安全。

因此，为了防止列控软件的功能实现不正确，应该采用安全软件的开发设计流程，同时在升级软件时，制定严格的升级程序，严格落实信号软件管理办法；做好各站软件版本的台账管理，软件存储介质上做好标识注明使用车站及软件版本号；涉及软件版本的施工或者故障处理开通前，各级施工负责人需确认现场使用软件版本与最终公布使用版本一致方可开通使用。

③ 忽视列控系统特殊应用。在实现地面软件的时候，由于列控软件特殊设计未充分考虑，例如级间切换点设置配置不合理，导致车载计算制动干预曲线时，C2/C3级使用的线路允许速度值不一致，ATP后台速度值比较不一致，那么就有可能影响ATP计算的制动干预曲线，就可能存在超速的安全风险，危及行车安全，还可能导致列车异常制动。

因此，需要建立特殊联锁关系台账，规范日常管理；对过渡工程中设备采取的过渡方案、技术措施等特殊处理点，相应的档案需有备案。

（2）室外应答器受物理打击的安全风险管理

① 应答器受物理打击的安全风险。安装在室外的地面设

备（如应答器、轨旁远程 LEU 机柜等），完全暴露在线路中心或线路侧相对开放的空间里，暴露在自然空间便意味着可能面临的各种异物侵袭造成的危害。

② 高速气流及异物撞击附加伤害室外应答器的风险。在列车运行中，高速气流极易扯动应答器连接电缆，列车外部空间中的异物也有很大可能对地面设备造成碰撞，从而损坏设备或影响设备的正常使用，一旦处置不及，便会给安全运行带来极大隐患。

③ 冰雪天气影响及异物撞击的风险。车底冰块坠落极易撞击到地面应答器，由于高速运动造成的强大冲击力很容易使应答器破损，严重的有可能使地面应答器碎裂或是从地面紧固装置上脱离，一旦这些碎片或应答器整体对车底构成二次撞击，则会严重威胁行车安全，并且应答器本身的损坏也会造成行车数据缺失，从而影响行车。如某年发生了多起动车组打坏应答器及连接电缆破损情况，对行车安全构成隐患。

因此，为减少室外应答器受物理打击风险对高速铁路正常运行的影响，要加强以下工作：

应答器设备的防护，如增设防击打装置等，减少外界异物对设备的撞击，尤其是正面撞击；

地面设备的加固，包括对应答器连接电缆的紧固及固定螺母防松脱措施；

关键部位的检查，在日常维护工作中，加强对这些关键部位的巡视检查，及时发现设备异状，及时组织处理。

（3）车载设备风险管理

ATP 车载设备的车底部分主要有如下设备：BTM 天线、TCR 天线、速度传感器以及它们的连接电缆等。这些 ATP 车载底部设备，同地面设备一样，都完全暴露在相对开放的空间里，工作环境恶劣，很容易受到异物撞击。

① 高速气流及异物撞击 ATP 车载底部设备的风险。在列车运行中，高速气流极易扯动连接电缆，列车外部空间中的异

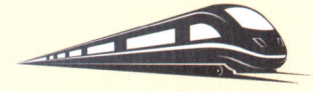

物也有很大可能对车底设备造成碰撞，甚至损坏地面设备，或影响设备的正常使用，严重的可能会对列车的安全运行造成严重影响。

② 冰雪天气影响及异物撞击的风险。某年发生多起动车组的 BTM 连接电缆护套破损情况，对行车安全构成了较大隐患。同时车底冰块坠落也极易撞击到地面应答器，由于高速运动造成的强大冲击力很容易使应答器破损，或使地面应答器碎裂，或使其从地面紧固装置上脱离。一旦这些碎片或应答器整体对车底构成二次撞击，则会导致行车过程中的意外事故。而应答器本身的损坏也会造成行车数据缺失，妨碍正常行车。

因此，为减少车载设备风险对高速铁路正常运行的影响，要加强设备的防护，如增设防护板、橡胶皮套等，减少外界异物对设备的撞击，尤其是正面撞击；要加强对设备的加固，包括对车底电缆的紧固及速度传感器、BTM 天线、TCR 天线等的固定螺母防松脱措施；在日常维护工作中，加强对这些关键部位的巡视检查，及时发现底部设备异状，及时进行处理。

2．调度集中系统主要风险

（1）软件配置、数据错误的安全风险管理

① CTC 软件缺陷、版本错误、数据错误的风险。在更换 CTC 系统软件的时候，由于 CTC 软件设计错误或者升级软件的版本不正确，如列车进路不能正常自动触发，进路预告不能正常发送至相应的动车组，或调度中心和车站的表示信息不一致的问题，那么就可能存在动车组调度集中指挥的安全风险，危及行车安全。

因此，为了防止 CTC 系统软件的功能实现不正确，应该采用安全软件的开发设计流程，同时在升级软件时，制定严格的升级程序，严格落实信号软件管理办法；做好各站软件版本的台账管理，软件存储介质上做好标识注明使用车站及软件版本号；涉及软件版本的施工或者故障处理开通前，各级施工负责人需确认现场使用软件版本与最终公布使用版本一致方可开通使用。

② 忽视 CTC 系统特殊应用的风险。在实现 CTC 系统软件的时候，由于与其他部门沟通不畅通，或者 CTC 软件特殊卡控条件未充分考虑，如供电臂无电区的设置错误，就可能导致电力牵引的列车错误驶入无电区，导致电力牵引列车需要救援，耽误列车运行，干扰正常的运输秩序。

因此，需要建立 CTC 特殊卡控台账，规范日常管理；对过渡工程中设备采取的过渡方案、技术措施等特殊处理点，相应的档案需有备案。

（2）调度集中 CTC 网络安全风险管理

风险存在于 CTC 系统研发单位、设备管理单位、相关使用和维护单位及工作人员在工作中有可能无意间使系统感染病毒；可能在使用维护过程中删除、修改网络配置；泄露 CTC 设备 IP 地址表、网络端口号、系统配置文件、专用密码等涉密信息；私自接入终端设备或网络设备。

因此，设备机房应建立出入登记制度，非工作人员未经批准不得进入机房；CTC 设备严禁私自与其他系统交换信息，如其他系统已有规范的标准协议须与 TDCS/CTC 设备进行信息交换时，应采用安全可靠的隔离设备和措施；各种数据存储介质和调试用计算机在接入网络前必须经专业病毒查杀，确认无病毒后，方可使用；落实好病毒防范、系统间隔离、外设接口（含 USB 口）隔离、接入介质审查、专用密码定期修改等管理工作，加强网络安全的巡检、监测和台账管理，建立统一的 TDCS/CTC 设备网络安全管理体系。

【知识链接】 高速列车晚点的原因

（1）雨雪天气和地质灾害

很多朋友可能有疑问：列车遇到暴雨为什么会晚点？大雨能让列车开不快吗？是的，列车虽然不怕下雨，可是轨道下面

图 6.6　暴雨对铁轨路基的影响

的路基怕啊！大家知道，暴雨侵害的破坏是巨大的，对路基也会造成损害，如图 6.6 所示。

下雪容易造成道岔出现问题，如尖轨与基本轨因夹雪而不能密贴接触、道岔连接杆被冻住，也导致信号无法开放，这时需要人工扫雪或电热设备进行除雪。

强风，尤其是横向风对列车的运行安全影响巨大，轻则逼迫列车降速停驶，重则影响列车稳定甚至脱轨倾覆。例如，在著名的兰新既有线的"百里风区"，强风就经常造成列车脱轨倾覆等事故，造成严重的损失。

因此，为了保证高铁的安全运行，每当遇到强风、暴雨或大雪天气，列车会根据实际情况限速运行甚至停运，当列车限速运行时，就容易导致列车运行晚点。

（2）设施设备的故障

高速铁路是由线路桥隧、牵引供电、动车组列车、列车控制、调度指挥等子系统构成的庞大系统，任何一个子系统的设施设备运行了一段时间之后都会出故障，高速铁路也不例外，大到一条隧道、一座桥梁，小到一组道岔、一个信号机，即使坚持日常维护，也难免会出现一些故障。

例如，高铁动车组列车通过接触网，将来自变电所的特高压电，引导到车载变压器上，然后才能以此为动力牵引列车高速运行。任何一个环节出现了故障，都会影响列车的正点运行，甚至造成被迫停车。

（3）其他原因

除了上述天气影响、设施设备原因外，还有突发事件、意外事故等的干扰与影响，如节假日期间的大客流，造成在规定的停站时间内无法完成乘降作业，个别旅客的"把门""堵车"等行为，以及列车上抽烟触发列车紧急制动等。

【知识链接】高速铁路事故风险管理

高速铁路列车运行速度高，容易受到外部环境及设施设备条件的影响。高速铁路运营安全的影响因素众多，从不同的角度有不同的分类：

按照运营系统生产作业分类，可分为外部环境（包括自然环境和人为环境）、人员因素、维护保养及设备设施；

按照运营系统组织架构及功能，可分为动车组、通信信号、工务工建、高压供电、客运服务、车务组织等；

按照运作流程分析，事故事件发生的原因可分解为产品设计环节、生产制造工艺、联调环节、设施设备故障、施工作业、规章制度缺陷、外部自然环境、管理缺失等因素。举例如下。

① 设备质量存在缺陷，造成安全事故隐患。自京沪高铁开通以来，中国高铁以良好的舒适性、便捷性、服务特性、正点率得到肯定。然而不可否认，高速铁路初期故障频发，设备检测和维修方面不能满足安全生产的需求。2011年8月3日，中国北车集团召回了京沪高铁线上部分动车组，由于该车型多次发生牵引丢失、强制降弓、误报故障等问题。根据统计数据，高铁工务设备和供电设备安全隐患相对突出，其检测和检修质量存在着较大的提升空间。

② 突发情况的应急处理十分重要。"7·23"事故就是发生在设备因雷击发生异常的情况下，可见突发情况应急处置十分重要。特别是高速铁路80％以上是高架线路，高架线路独

立路权无交叉，能避免人畜进入铁路线路，不必设置铁路道口，即使在地面线路也有更为严密的保护。高速铁路在相对封闭的环境中且有完备的信号系统保护，这是其他交通工具所无法相比的，然而一旦高铁发生事故，应急救援处置的难度反而加大。因此，准确把握安全生产的特点和规律，坚持风险预判预控、关口前移，落实隐患排查治理，推进事故预防工作科学化、信息化、标准化，实现把风险控制在隐患形成之前，把隐患消除在事故发生之前，决不能让故障上升为事故、让事故演变成灾难，就显得更为重要。

③ 外部环境隐患导致事故发生。目前，铁路沿线高架桥下私搭乱建、堆放杂物、上跨公路桥运行超载机动车等问题仍然突出，置障、拆盗、折关等治安案件时有发生，这些外部环境问题，时刻威胁着铁路行车安全。一方面，非法、违法行为日趋突出；另一方面，相关设备管理单位需要强化落实机制。由于高铁列车速度快，气流速度越快产生负压越大，从而在列车周围形成巨大的吸力。特别是在大风天气时，如果铁路沿线存在一些诸如彩钢板之类的杂物，被风吹起来后就有可能受到列车周围吸力的影响，与铁路设备发生碰撞，对车体和沿线电路造成损坏。如前文提到的发生在京沪高铁的G40次列车彩钢板撞击事件。

【知识链接】电气化铁路的起源与发展

1. 电气化铁路的起源与发展

1879年，维尔纳·冯·西门子设计并制造出了世界上第一套具有现代电气化轨道交通雏形的"电气化轨道交通系统"，并于当年5月31日在德国柏林世界贸易会上运行展出。该套系统由一条300米椭圆形轨道（轨距1米）、一根150伏直流电供电轨（敷设于两走行轨中间）、一台2.2千瓦直流电机驱动的"电力机车"和三节客车组成。

1881年在法国巴黎国际电工展览会上第一次出现了由

两条架空导线供电的"架控式接触网";1884年,美国人C.J.范德波尔在多伦多农业展览会上用一根带有触轮的集电杆和一条架空接触线向电车供电,钢轨作为回路;1889年,德国首次出现了弓状集电器;1893年,英国首次利用电气牵引改造伦敦地铁,彻底消除了因蒸汽机车牵引造成的环境污染;1893—1895年,瑞典、美国、日本都先后修建了10公里左右的直流电气化铁路;1898—1902年,德国、意大利修建了三相交流电气化铁路;1903年10月,德国AEG公司设计生产的三相电动车创下了210公里/小时的试验速度,因需由三根接触导线(各为一相)向电动车供电,接触网的结构过于复杂,且列车无法通过道岔,因此,三相交流电气化铁路没有得到发展和实际应用。

为此,德国采用了为电气化铁路建造单相独立电网,并将电网频率降低至工频的1/3的单相15千伏交流电、16.7赫兹供电制式。1912—1913年,德国在实际工程中首次采用了这种供电制式并沿用至今;1953年,法国成功开发出工频单相25千伏供电制式,使电气化铁路从三相公共电网获得牵引电能的梦想得以实现;1964年,日本采用该供电制式在新干线实现了210公里/小时的高速运营。

20世纪70年代初,在工业发达的西欧、日本等地,运输繁忙的主要铁路干线基本实现了电气化。1973—1974年爆发石油危机之后,各国对铁路电力和内燃牵引重新进行了经济评价,电力牵引更加受到青睐。截至2001年底,世界电气化铁路总里程已达到250 000公里,约占世界铁路总营业里程的22.5%,承担着世界铁路总运量的50%以上。也就是说仅占世界铁路总营业里程不到1/4的电气化铁路承担着世界铁路总运量一半以上的运输任务。

2. 我国电气化铁路的发展

1958年,我国开始修建电气化铁路,从一开始便直接采用了最先进的电压等级为25千伏的单相工频交流电,为我国

大规模发展电气化铁路奠定了良好的基础。1961年8月15日，我国第一条干线电气化铁路试验区段宝鸡至凤州段建成通车，揭开了我国电气化铁路发展的序幕。1975年7月1日，宝成电气化铁路全线建成通车，在我国铁路建设史上产生了重大影响。

20世纪80年代，我国的电气化铁路飞速发展，电气化改造和建设除了在运煤通道上进行外，又开始在客货运输繁忙的陇海和京广两大干线及通往沿海经济特区的鹰厦线上进行。同时还修建了我国第一条以运煤为主开行万吨重载单元列车的大秦双线电气化铁路。在大秦铁路采用了一系列具有20世纪80年代国际先进水平的电气设备，并按技贸结合的原则引进了一些国家的先进设备和技术，使我国的电气化铁路技术装备达到或接近国际先进水平。

20世纪90年代，是我国铁路发展的重要时期，共有鹰厦线鹰潭至来舟段、漳平至厦门段等10条电气化铁路建成。20世纪最后五年，我国建设电气化铁路的步伐加快，建成开通了干武线、京郑线等10条电气化铁路。

2004年1月7日，国务院通过的《中长期铁路网规划》确立了我国铁路今后发展的目标：到2020年，全国铁路营业里程达到100 000公里，主要繁忙干线实现客货分线，双线率和电气化率均达到50%，运输能力满足国民经济和社会发展需要，主要技术装备达到或接近国际先进水平。

第七章

高铁运营安全保障

一、高铁源头质量保障机制

二、高铁运营管理安全保障机制

三、高铁调度指挥应急处置

目前，我国高铁营业里程超过2.5万公里，线网庞大，每天开行5 000余趟动车组列车，运行在各种工况的线路上，包括异常复杂的线路条件，如高寒和冻土地区、冬夏温差大的地区、热带地区、大面积湿陷性黄土地区、高原地区、戈壁沙漠的大风区等等，即使在苛刻环境下运行，高速铁路仍然取得了日均发送旅客500余万人的优良业绩。在每趟高速列车正常运行的背后，都离不开高铁安全保障体系的保驾护航，这一体系包括高铁设计建设的源头质量保障机制、运营管理的安全保障机制以及高铁调度指挥的应急处置等。

一、高铁源头质量保障机制

中国高速铁路在设计、建设阶段,就建立了包括技术标准、工程建设、设备质量、安全防护、联调联试、运行试验、安全评估等一系列的源头质量保障机制,从源头质量上保障高铁安全。

1. 高铁技术标准保障

现有的高速铁路技术标准体系内容涵盖动车组、基础设施等各个方面,注重采用和借鉴国际先进标准,特别是等同采用了IEC/EN的铁路安全标准,不仅从技术和安全层面严格保障了高速铁路建设、运营质量,还实现了中国与欧洲等国家的高铁技术兼容。

2. 工程建设和设备质量保障

通过严格制度标准、原材料、工艺工法、检测检验、验收开通等关键环节管控,加强工程建设质量问题的检查和整治,强化合同约束和行业监督管理,建立了高铁工程建设质量控制体系;通过强化高铁物资采购审核和产品质量检验检测,实施行政许可、产品认证、上道审查等准入制度,加强高速列车及其重要配件的监造管理,强化铁路统一的物资供应商信用评价,建立了高铁设备质量源头控制体系。

3. 高铁安全防护保障

中国高铁在设计阶段即采用全封闭、全立交方案,线路两侧设置防护栅栏封闭,桥涵设置限高防护架及合理的人畜通道,公铁并行路段设置防护桩,上跨铁路桥设置防抛网。各条高铁线路还安装有风速、雨量、雪深、地震等自然灾害及异物侵限监测系统,实现了高铁灾害安全防护。在此基础上,中国铁路总公司正在持续推进高铁车站、列车视频监控建设,逐步实现高铁沿线重点部位监控全覆盖。

4. 联调联试及运行试验保障

对新建高铁项目实施系统性能测试及优化等联调联试工

作，检验高速列车运行的安全性、平稳性和舒适性，检验线路基础设施的安全性、稳定性，评价设计参数、设备选型和系统接口的合理性，验证减振降噪措施的有效性。在运行试验工作中，检验高铁设备设施及行车组织方式能否满足运营要求，检验各种非正常行车能力，为优化设备配置、提高设备性能、制定运输组织和应急救援方案等提供技术依据。

5. 安全评估保障

在新建高速铁路开通运营前，中国铁路总公司组织行业内的管理和技术专家，按照专业分为多个安全评估小组，针对运营维护单位在安全管理、规章制度、员工素质、设备管理等方面的开通运营准备情况实施安全评估。2008年以来，中国所有高速铁路都经过了安全评估，确保了各条高铁线路的顺利开通和安全运营。

二、高铁运营管理安全保障机制

为保障高铁运营安全，必须建立"人防、物防、技防"三位一体的运营管理安全保障体系，包括规章制度、设备养护维修及状态监测、职工素质及安全文化、安全监督管理、应急处置及救援能力等，从运营管理上保障高铁安全。

1. 完善的规章体系

铁路始终奉行着这样一句口号："安全是铁路的生命线。"而规章就是支撑起这条生命线的重要支柱。完善的规章体系是高铁安全体系的重要组成部分，它是经过理论和实践的长期结合产生的作业标准和规范，能有效地避免在人员作业、列车运行、设备运转等各个环节中可能产生的安全隐患；它能够使所有的作业人员的工作行为都有规可依、有章可循，杜绝工作中的随意和侥幸行为，加强工作行为的严谨性和科学性，最大限度地保障铁路行车安全。

高铁规章体系除了使作业人员的日常工作行为标准化和规

表 7.1　动车组列车在大风天气运行速度的规定

环境风速（m/s）	≤ 15	≤ 20	≤ 25	≤ 30	> 30
列车速度（km/h）	正常速度	≤ 300	≤ 200	≤ 120	严禁运行

范化外，还针对高铁动车组列车运行过程中可能遇到的每一种突发情况，都制定了相应的应急处置办法。它涉及多个铁路专业部门，根据突发情况的处置进度，详细规定了有关列车的运行状态（包括停止运行或限速运行），各专业部门的具体处置步骤，人员作业管理办法等事项，确保每次应急处置都有规可依、有章可循。根据规章，铁路各部门还建立了与之对应的应急预案，争取能够最大限度地保证高铁列车运行安全，保证旅客人身安全和旅途舒适性，维持列车运行秩序，降低突发事件的影响。例如，《铁路技术管理规程》（高速铁路部分）对动车组列车在大风天气运行时有严格的速度要求（表 7.1）。

又如，高速铁路线路设备发生故障，处理人员需上线路处置时，为保证处理人员的人身安全，本线不得通行列车，邻线列车运行限速 160 公里/小时以下。当邻线列车接近前，处理人员应停止作业，作业机具、材料等不得侵入规定的列车运行范围，且严禁摆放在两线间。

又如，高速铁路接触网挂有异物，动车组列车不能降下受电弓通行时，必须经现场清除异物后方能通车，若动车组列车能降弓通行时，为确保行车安全，应在异物地点前后 2 千米范围内限速 160 公里/小时并降下受电弓通过。

2. 严格的人员管理体系

规章是从业人员在作业时的行为准则，它对从业人员的一言一行进行着规范和约束。完善的规章制度，需要所有作业人员严格执行才能彰显其作用，没有人的严格执行，再好的规章也只是一纸空文。高速列车的安全正点，是和铁路各级作业人员严格执行规章、按标准进行作业分不开的。为使各级作业人员都能严格执行规章、按标作业，铁路部门有一套严格的员工管理体系。

首先是严格执行岗位责任制,对各级作业人员的招聘、选拔、任用,坚持"逢进必考、资格必审、上岗必训"和持证上岗的原则。对于一些重要的岗位,甚至需要持续几年的培训,方能获得上岗资格。

在日常工作中,除交接班时要做好班前预想和班后分析外,同时还要对各岗位的作业过程进行监控和抽查。此外,针对典型的突发事件,由专门的铁路部门进行事后分析总结,对作业人员问题和设备缺陷提出整改方案,切实保证各岗位作业人员能够严格执行规章制度。

在人员上岗后,定期进行强化培训,包括规章考试和突发事件模拟训练。模拟训练是指在模拟平台上,应用仿真技术虚拟设置出各种设备故障和铁路交通事故,建立相关实战场景,要求作业人员进行预处理,从而加强作业人员对各类规章、应急处置办法和应急预案的理解和掌握,不断提高作业人员的作业能力和应急处置能力。

在新线路开通、新设备投入使用以及规律的季节性变化(如雨季、严寒天气等)之前,有计划地组织各专业作业人员在实际线路上进行应急演练,通过对各类突发事件的处置,提高作业人员解决突发问题的能力,检查作业人员对规章的执行情况,信息沟通渠道是否完善,各部门间协调机制运转是否顺畅,据此完善相关应急预案与应急处置流程。

如图 7.1 所示,为铁路房建部门会同车站、工务、调度等部门,在高铁车站进行房建设备故障抢修应急演练的场景,模拟候车站台发生雨棚檐口松动、水管脱落等房建设备故障。在应急演练中,房建部门采用新型升降设备,快捷高效地对雨棚故障进行修复,减小故障对旅客乘降的影响;车站需对站台上的旅客采取引导疏散措施,防止雨棚设备掉落造成旅客人身伤害;工务部门需对临近线路进行检查,防止雨棚设备掉落到线路中剐蹭列车;调度部门需对临近列车采取限制运行措施,保证车站旅客乘降安全和列车运行安全。各部门紧密配合,共同

图 7.1 高铁车站房建设备故障应急演练

保证旅客人身安全、列车运行安全。

总之,"严谨、高效、合作、责任"是铁路人的工作座右铭,"安全大于天"是铁路人的工作目标,"一切为了安全,安全就是一切"是铁路人的工作责任。

3. 全面的设备养护、检修及日常巡视体系

为了使高铁动车组列车在一个相对健康的硬件环境中运行,一套完整的设备养护、检修及日常巡视的体系也是必不可少的。它能使动车组列车、固定线路设备、接触网设备等技术装备始终处于良好的运用状态,该体系包括列车开行前的准备、列车运行阶段的设备巡视以及运营结束后的设备检修及养护。

高速铁路的确认列车,是一类专门用于检测铁路固定设备的列车,其开行时间是在高速铁路每日施工维修作业结束后、第一列运营列车开行前。确认列车采用常规运营的动车组列车,不乘坐旅客、不办理客运业务,由铁路工务、电务、供电人员登乘列车,携带专业的检测设备,对线路、信号及接触网设备进行每日一次的全面"体检",确保高速铁路日常行车的安全。

例如,某日,京沪高铁凌晨开行的确认列车在镇江南站刚出站时,列控车载设备突然向司机发出报警提示:应答器报文丢失。同时列车被强制限速 45 公里/小时运行。确认列车上

电务人员判断,应该是镇江南站出站端信号机处的地面有源应答器发生了故障,导致列车在经过时无法接收到其发送的线路数据,并引发了列控车载设备的强制限速。确认列车司机立即向列车调度员汇报了故障情况。在列车调度员的指挥协调下,维修人员及时赶到故障地点,发现地面有源应答器电缆被打坏,而且这类故障在夜间维修作业中不易被发现。经过维修人员的紧急修复,设备恢复了正常运行,虽然对首列载客列车造成了一定的影响,但所幸对整个高速铁路的运行秩序未造成影响。试想,如果没有确认列车提前发现故障,并给予维修人员足够的故障处理时间,在当日正式运营后才发现故障,所有动车组列车经过该地段时都会被强制限速,这将造成大量的列车延误,而处理故障需要封锁线路,又将加重列车的延误程度,造成更多的列车晚点,使高速铁路的运行秩序雪上加霜。

除了确认列车每日对高速铁路进行日常检查之外,在高速铁路新线开通前,以及高速铁路开通运营后每隔一段时间,还会开行装备了更加先进的检测设备的高速综合检测列车(图7.2)。

图 7.2 装备了先进检测设备的高速综合检测列车模型

高速综合检测列车以高速动车组为载体,装备了多种高速检测仪器和高速摄像机,是高速铁路的"体检列车"。如

图 7.3 所示，是 CRH380BJ-A-0504 型号的高速综合检测列车，因其车体两侧颜色为黄色，被火车迷们称为"黄大夫""黄医生"，其最高时速可达 400 公里以上。随着高速铁路的发展，我国先后研制出了多种型号的高速综合检测列车，最高运行速度也从 250 公里/小时一路攀升到 500 公里/小时（试验速度）。

目前我国专职高速综合检测列车有 12 组，分别是 CRH2A-2010、CRH2C-2061、CRH2C-2068、CRH2C-2150、CRH2J-0205、CRH5J-0501、CRH380AJ-0201、CRH380AJ-0202、CRH380AJ-0203、CRH380AM-0204、CRH380BJ-0301、CRH380BJ-A-0504。

高速综合检测列车主要是用于对高速铁路的轨道几何状态、动车组动力学响应、接触网、通信、信号设备、无线场强等进行周期性的综合检测，动态掌握高速铁路各项固定设备的运行状态，及时发现细微的设备隐患，确保高速铁路列车的运行安全。

图 7.3　CRH380BJ-A-0504 型号高速综合检测列车

高速铁路的日常安全运行，除了"车"的检查外，还离不开"人"的检查。旅客乘坐动车组列车时，经常可以看到一名身穿专门制服的列车工作人员，腰上别着不少工具仪器，行走在一节又一节车厢里。他们就是动车组列车的随车"医生"——随车机械师。随车，顾名思义，就是动车组列车走到哪里，他们就要跟到哪里。在列车运行的全过程中，随车机械师负责监控记录动车组列车运行状态的各类仪表和数据，对列车的各节车厢进行不间断巡视，发现问题，及时"诊断"，给出相应的"治疗方案"，通过通知动车组司机采取限速运行、停车检查等措施，保证动车组列车的运行安全。

除了随车机械师这类旅客们经常能看见的高铁"医生"，还有许多人们不常见的高铁检查人员，这些"巡逻兵"每天都"隐身"于高铁线路沿线，在高铁地面、高架桥下、桥箱梁和隧道内，进行着设备检查巡视工作，及时发现接触网异物、接触网支柱上的鸟巢、封闭栅栏破损、桥墩支座病害等可能影响列车运行安全的设备隐患，将"病害"扼杀在萌芽阶段。不管是高温还是严寒，狂风暴雨还是高分贝噪声，他们都坚守在自己的岗位上，默默地为高速铁路的安全运行贡献着自己的力量。

如图7.4所示，为京沪高铁丹昆特大桥的检修人员正在桥箱梁里进行日常巡视。为了保证高铁桥梁的安全，检修人员常年需要在梁箱内部，也就是"桥肚子"中工作，对支座、梁箱、螺栓、防落梁装置等进行"体检"和检修。全封闭式的

图 7.4　高铁大桥箱梁里检修人员进行日常巡视

结构使得"桥肚子"内环境黑暗，不通风，最高温度能达到50 ℃，桥面上动车组经过时会产生巨大的噪声和震动。而就是在这样的工作环境里，他们需要走遍几十甚至是上百公里的桥箱梁内部的每一处角落，检查支座上的每一个配件。

以京沪高铁丹昆特大桥为例，全长164.784公里的桥箱梁内部，单程距离将近全程马拉松赛的4倍。每当遇到混凝土掉块、钢筋外露等影响使用寿命的情况，也是最辛苦的时候，他们必须进行及时修复。在地面准备好灌浆材料后，由人力背上箱梁，再进行现场调制，对箱梁内不同的病害点，进行不同方式的灌浆作业。在他们的眼中，"和铁路桥梁打交道的时间比和家人待的时间还要多""桥梁检修是守护列车安全的重要保证，一点都马虎不得"。

夜间，随着旅客纷纷到达终点站，高速铁路上运行的动车组列车也越来越少，但在这个时候，高速铁路却又迎来了新一轮紧张的作业高潮——施工维修作业。

高速铁路列车速度高、行车密度大，长期的高速运行会造成轨道、接触网等固定设备的损耗，也会造成一定的物理偏差。为了使高铁各项设备在运营期间保持良好的运行状态，就必须对相关设备进行日常养护和维修。因此，高速铁路在每日运营结束后，都会有4小时左右的无行车时间，这就是预留给设备维修单位的作业时段。设备维修单位对高铁固定设备进行动态管理，根据设备养护固定计划和日常发现的设备隐患，制订当日的施工维修计划，并在夜间施工维修作业时段内予以实施。

在这个时段，大量的施工维修人员携带着各式各样的仪器、机具来到高铁线路上，对线路、信号、牵引供电设备进行检修和调试，如图7.5（a）(b)(c)所示。平日里不见踪影的大型维修作业机械，也悄悄地来到高铁线路上，有的运送检修人员进入到区间深处，有的进行接触网检修作业，有的进行线路修整作业，如图7.5（d）(e)所示。

图 7.5（a） 维修人员维护高铁供电设备

图 7.5（b） 维修人员对高铁钢轨进行精调作业

图 7.5（c） 维修人员在夜间天窗点内
进行钢轨打磨作业

图 7.5（d） 维修人员巡视检查
高铁道岔转辙机设备

图 7.5（e） 高速铁路大型作业机械进行施工作业

当旅客们下车准备回家好好休息一番时,"劳累"了一整天的动车组列车是否也可以放松放松,美美地"睡一觉"呢?当然不行,因为动车组列车还需要回到动车组检修基地内,接受动车组维修人员的"体检",如图7.6(a、b)所示。

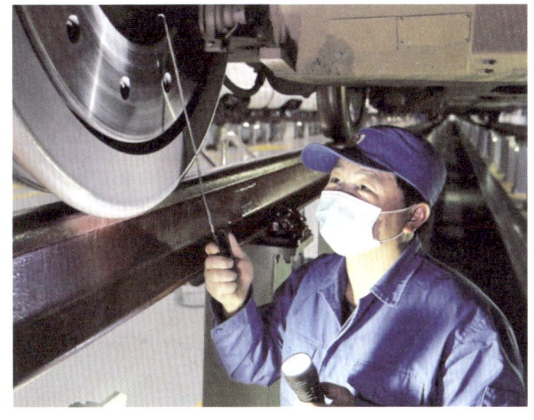 

图 7.6(a) 动车组维修人员检测动车组轮对　　图 7.6(b) 动车组维修人员检查动车组车顶受电弓

在一整天的高强度、高速度、长距离的运行过程中,动车组列车的部分零部件会产生一定的损耗。当遭受突发情况(如飞鸟撞击、冰雪击打、玻璃破碎等)时更有可能加剧这些损耗,虽然短时间内不会造成影响,但长时间下去就会引发真正的故障,危及行车安全,所以必须在当日的维修作业中将隐患消灭彻底。为了使动车组列车保持良好的"身体状态",及时发现设备故障和隐患,动车组检修基地的维修人员们彻夜不眠地对动车组列车的各项设备进行精细的检查、维修和养护,包括车顶受电弓、轮对、转向架等设备,保证动车组列车以最好的"精神面貌"和健康的"身体状况"迎接次日的高强度"工作"。

4. 先进的监测设备

在我国高速铁路技术装备的发展过程中,一大批先进的监测设备不断被研发出来,因其强大、便捷的功能,被迅速投入到高速铁路日常运营中。这些设备为高铁作业人员提供安全可靠的监测数据和报警提示,使高铁作业人员能够第一时间发现危害列车运行的突发情况，迅速采取措施，降低故障影响，保证列车运行安全。这些先进的监测设备，在不同的领域发挥作用，共同为高速铁路安全运营保驾护航。

一直以来，自然环境对各类交通运输工具的正常运行有着直接的影响，特别是动车组列车在高速运行的状态下，对气候环境的影响也更加敏感。在恶劣的天气情况下，动车组列车必须降速运行甚至停止运行，才能保证列车运行的安全。就如本章前文所述，动车组列车在不同的环境风速下需要按不同的速度运行，那么，高速铁路是怎样来监测环境风速的呢？这就要归功于防灾安全监控系统，它包括自然灾害监测系统和异物侵限监测系统，其中自然灾害监测系统由风速、雨量、雪深和地震四个监测子系统组成。

高速铁路沿线装设了大量的自动监测设备，时刻记录着风速、降雨量、积雪量、地震等数据，并及时传输到对应的子系统内。系统立即对数据进行分析和判定，一旦超出规定数值，就会在监控终端发出报警信息，提示有关人员对影响区段内的动车组列车采取降速运行或停止运行的措施。

而异物侵限监测系统是为了防止跨越高速铁路的公路桥上有落物侵入到高速铁路范围，影响列车运行安全而装设的一种监测设备。在跨越高速铁路的公路桥两边均装设有双层防护网，当桥上有物体落下时，首先由防护网进行拦截。当较大的异物砸断了双层防护网落到高速铁路范围内时，异物侵限监测系统就会立即发出报警信息，同时该信息也会传输到高速铁路的列车运行控制系统，由地面设备向即将经过该地段的列车发出禁止进入的信息，防止列车撞上掉落的异物。

如图7.7所示，一个个圆圈就代表线路上该地点的实际监测点，![](代表风速监测点，![](代表雨量监测点，![](代表异物监测点，此时它们都处于正常状态。当环境数据超出规定限度时，它们的颜色和"表情"就会发生变化，![](代表风速超标

> 第七章 高铁运营安全保障

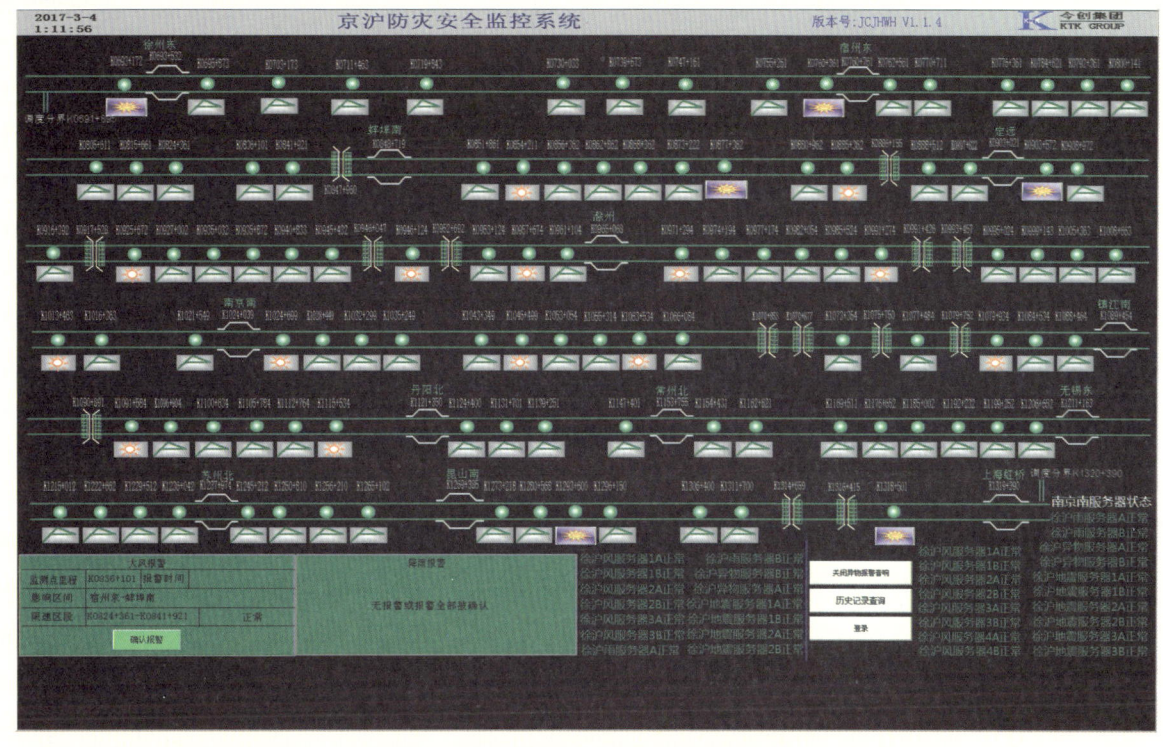

图 7.7 京沪高铁防灾安全监控系统界面

报警，■代表雨量超标报警，■代表异物侵限报警。

这一个个监测点，共同组成了高速铁路的灾害监测网络，时刻监控着高速铁路的沿线环境，保证动车组列车在各种环境中都能安全运行。

现今，我国高铁防灾系统还只能对大风、暴雨、大雪、地震和异物侵限等常见的灾害类型进行监控和预警。随着我国高速铁路技术装备的不断发展，将来我国高铁防灾系统里还能对更多的环境条件进行监控，包括隧道、轨道温度、大雾，桥梁下水位等等。

除了对动车组列车周边环境的实时监测，高速运行中的动车组列车也有专门的监测设备，这就是动车组运行故障动态图像检测系统（trouble of moving EMU detection system，简称"TEDS"）。这是利用安装在轨道旁边的高速相机，采集动车组

车体底部、车体两侧裙板、车辆连接装置、转向架等部位的图像,如图7.8所示。通过对比每趟动车组列车的历史图像和拍摄图像的差异,就像"大家来找茬"的游戏,能够清晰地分辨出每趟动车组列车不同时间段每个部位的外观差异,并分析出动车组列车是否存在故障。除此之外,在严寒天气通过TEDS系统还能清晰地观察到动车组列车车底积雪、结冰情况,从而对动车组列车提出限速运行要求。

当TEDS监控人员通过系统比对,发现动车组车体确有故障时,需要将故障动车组车次、故障信息、故障位置和建议处置方式通知动车调度员,动车调度员综合考虑监测结果和有关规章的规定,确定行车限制条件后通知列车调度员,由列车调度员立即对列车采取停止运行或限速运行等措施。

按照导向安全的原则,对不同的故障设置了不同的处置等级。例如,遇车底配件断裂、脱落、缺损、丢失,车轴齿轮箱漏油,车体两侧裙板、盖板开放等故障时,需要立即停车检查处理;遇车体底部挂异物、有被击打痕迹等故障时,需要前方办客站停车检查;遇车体底部、车辆连接装置、转向架等部位

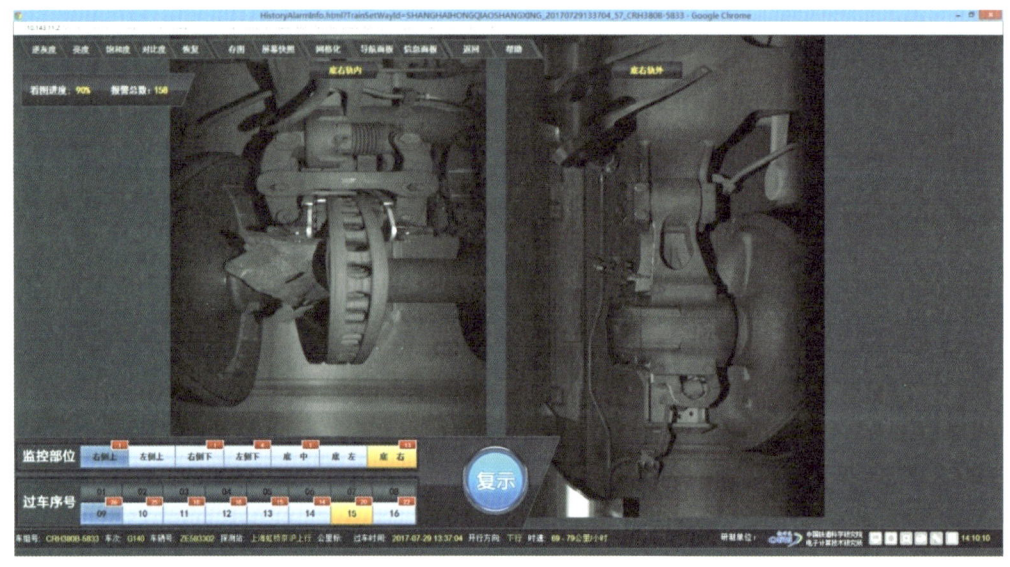

图7.8 TEDS采集动车组车底图像

被冰雪覆盖时，需要立刻限速运行。

随着我国高速铁路的发展，高铁技术装备也将不断更新与创新，朝着更加安全、更加智能、更加完善的方向不断发展。现今我国高速铁路的列控系统、调度集中系统和安全保障系统都已经走在了世界的前列，全方位保障着高铁列车的安全运行，在为国内人民提供安全高效的运输服务的同时，也在逐步走出国门，占领国际运输市场，引领世界高铁潮流。

三、高铁调度指挥应急处置

1. 高铁突发事件应急领导小组

铁路集团公司设高速铁路突发事件应急领导小组，负责对局管内高速铁路区段发生的铁路交通事故、自然灾害、设备故障等突发事件的应急处置进行组织、指导和协调，同时根据突发事件的严重程度、处置进程等情况，决定启动或终止Ⅲ、Ⅳ级预案，或提请铁路总公司启动Ⅰ、Ⅱ级预案。

集团公司应急领导小组由分管运输副局长任组长，总调度长任副组长，成员由公司办公室、安监室、运输处、客运处、货运处、机务处、供电处、工务处、电务处、车辆处、调度所、铁路公安局等部门负责人组成。应急领导小组下设办公室，设在调度所应急调度台。集团公司所属各站段也相应设置应急领导小组。

2. 高铁突发事件处置流程

发生突发事件时，应按规定及时启动应急预案，作出相应级别的应急响应。应急响应分为特别重大、重大、较大、一般四级（即Ⅰ、Ⅱ、Ⅲ、Ⅳ级）。其中Ⅰ级应急响由国务院或其授权铁路总公司启动，Ⅱ级应急响应由铁路总公司启动，各集团公司负责启动Ⅲ、Ⅳ级应急响应。

当高速铁路发生突发事件时，集团公司调度所列车调度员得到信息后立即汇报高铁值班副主任并通知各相关工种调度

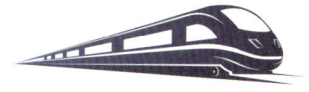

员。高铁值班副主任接到报告后，立即报告应急台值班副主任，应急台值班副主任通知集团公司领导和相关业务处室。

列车调度员负责填写《铁路交通事故（设备故障）概况表》（安监报-1），高铁值班副主任审核后上报集团公司安监室。突发事件发生后，应急领导小组根据具体情况，按照分级响应的原则启动相应预案，组织突发事件应急处置，并根据实际需要调动应急队伍，集结相关设备、物资、药品等，落实处置措施。具体流程如图 7.9 所示。

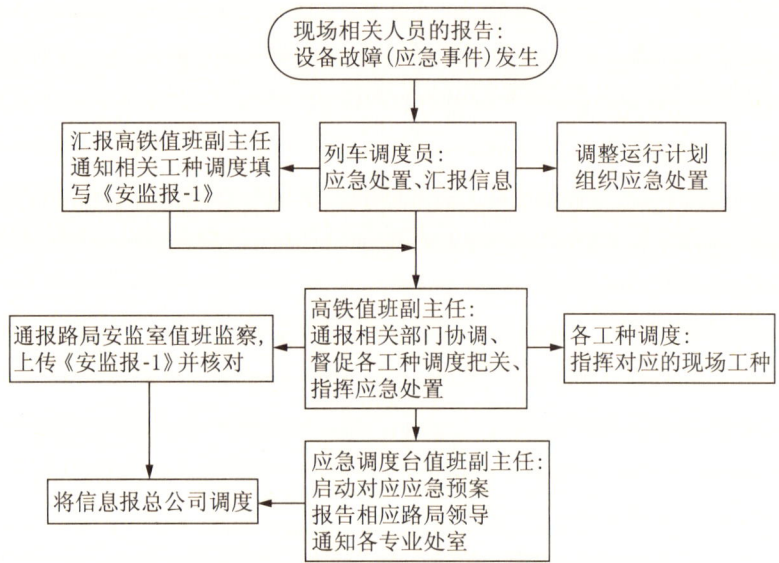

图 7.9　调度所交通事故（设备故障）应急处置流程图

3. 高铁突发事件处置案例

（1）案例一：列车运行途中发生异状的应急处置

列车运行途中突发剧烈上下跳动、车体剧烈摆动、连接处明显下垂、走行部有剧烈连续的摩擦震动等异状时，司机立即采取紧急制动方式停车，向列车调度员汇报，并通知随车机械师。列车调度员得到信息后，在运行图子系统上操作，调整后续列车的运行计划并立即下达到车站自律设备，或布置助理调度员人工干预信号，把后续列车扣停在后方站；来不及时，应呼叫后续列车立即停车，同时及时报告高铁值班副主任，通知动车台调度员，客运调度员（客运综控调度员）。

高铁值班副主任上台盯控、把关，并汇报值班主任和应急台值班副主任。应急台值班副主任报告相关集团公司领导和有关部门负责人，应急领导小组相关人员按照现场具体情况启动相应的应急预案，并指导现场进行相应的应急处置。动车调度员应与动车段、列车调度员、故障发生地所属公司调度所动车调度员密切联系，及时传递相关信息，协调故障应急处置。

随车机械师对动车组列车进行检查、处理，如需要下车检查，通过司机向列车调度员申请。列车调度员根据机械师要求下车处理的申请后，按下列规定处理：在运行方向左侧下车处理故障时，为防止相邻线高速通过的列车对本线检修人员造成人身伤害，需要发布邻线限速160公里/小时运行的调度命令，并设置列控限速；在运行方向右侧（间双线间）下车处理故障时，需要扣停邻线列车。

对邻线列车限速或扣停后，列车调度员通知司机布置机械师下车检查。机械师检查完毕上车后，列车调度员可恢复邻线正常行车。

随车机械师检查发现故障影响行车安全且不能修复时，司机向列车调度员请求救援。列车调度员逐级将情况汇报，应急领导小组布置高铁值班副主任组织救援，值班副主任布置列车调度员、动车调度员、客运调度员等工种，启用热备动车组进行对故障列车进行救援和组织旅客换乘。列车调度员根据实际情况及时封锁区间并开行救援列车进入封锁区间救援故障列车。

需组织旅客换乘时，由集团公司主管运输副局长（或总调度长）批准，列车调度员要将救援方案及时通知司机，司机通知列车长和随车机械师。组织旅客在车站内换乘时，两列换乘车底应尽量安排在同一站台方便旅客换乘。组织旅客在区间换乘时，所在地相关站段、公安派出所由车务站段召集，组织救

援力量随车赶赴现场。在救援力量到达现场后，由站段领导统一指挥。在区间换乘前，列车调度员要扣停有关列车，封锁邻线区间。在隧道内换乘时，列车调度员需通知设备管理单位开启隧道内的应急照明装置。

若故障暂时不能修复但可限速运行时，随车机械师临时处置后，动车组列车按随车机械师提出的限速值限速运行，在限速运行过程中，随车机械师需密切监视故障车辆状况。若检查无异常，随车机械师将检查处理情况报告司机后，通知司机按160公里/小时、250公里/小时、常速逐级提速，并在提速过程中监控动车组限速运行（为便于观察和保证运行安全，铁路部门规定需逐级提速）。

列车调度员根据上述具体情况（救援、限速或恢复正常运行），调整列车运行计划，通知客运综控调度员列车晚点情况；搜集故障动车组列车的型号、编组以及司机信息等内容，及时填报《铁路交通事故（设备故障）概况表》(安监报-1)，逐级报总公司和路局相关部门。处置期间，列车调度员、值班副主任及时将进度报告应急台值班副主任，应急值班副主任转报应急领导小组。

故障处理或救援完毕后，由应急领导小组宣布应急处置结束，相关专业部门对处置情况进行分析、总结和评价。

以上是对"动车组运行途中车体发生异状"应急处置的介绍。设施设备的异常往往会导致列车晚点，下面的案例则引出高速铁路是如何处理列车晚点的。

(2) 案例二：列车晚点后的处置流程

高速列车运行过程中，由于恶劣天气（遇大风暴雨动车组列车需限速以保证运行安全）、设备故障等原因造成列车晚点。列车遭遇晚点后，延误会传播开来，影响后续列车的正点运行。因区间拥堵，列车需产生额外停站或区间停车，在延误传播波及范围内列车上的旅客出行时间会增加，站内候车旅客的候车时间也将增加。此时需要高铁调度体系各工种调度员各司其职、紧密联系以减少晚点带来的影响。

列车调度员发现或接到列车晚点的信息后,根据列车运行现状、临时加开或停运、动车组车底上线和回送等情况,编制阶段计划并及时下达至车站自律设备和客运综控的旅服系统,向车站和司机布置相关注意事项,并和助理调度员一起盯控和组织列车按计划运行。将列车晚点情况口头或电话通知客运综控调度员、相邻调度台列车调度员,遇列车晚点时间较长或晚点列车较多时,还需通知高铁值班副主任、客运调度员、动车调度员。

客运综控调度员接到列车调度员的晚点通知后,及时通过旅服系统控制车站检票闸机,在车站电子公告屏显示各次列车晚点情况。同时,远程广播列车晚点情况,遇晚点列车较多时,还需组织车站客运人员人工检票、人工引导上下车客流等。

高铁值班副主任接到列车晚点的报告后,及时上台把关,督促和协调各工种调度员、车站分管客运工作的领导,并通知应急台值班副主任,由应急台值班副主任通知领导和相关业务处。

客运调度员接到列车调度员列车晚点信息通报后,及时将晚点信息、原因通告相关客运段,并根据需要发布高铁列车停运、加开的调度命令;遇晚点列车列车长询问时,应向列车长通报晚点原因和预计时间等信息。

动车调度员接到高铁列车晚点较多的信息后,及时查看动车组运行计划,核实停放在动车所(库)内的动车组车底和热备动车组信息,以备晚点列车车底衔接不上时启用备用动车组车底,并根据客运调度员的停运、加开命令,及时安排动车组车底的运用和回送。

遇晚点列车可能影响夜间施工、维修作业时,列车调度员需要将晚点信息通知供电调度员、各相关设备管理单位,对施工、维修时间进行调整。

由此可见,高铁列车调度员指挥高速列车运行,遇突发情

况时采取相应的应急措施（限速或扣停列车），随后向高铁值班副主任汇报，并通知相关工种调度员、相关设备管理单位等（如遇供电方面的应急处置需及时通知供电调度员，遇高铁线路设备故障时需及时通知工务段、电务段等人员）。各相关工种调度员根据具体情况进行应急处置或布置相应现场人员进行应急处理；高铁值班副主任到调度台把关并协调各工种调度员；应急值班副主任通报各类信息并协调路局专业处室的应急处置。可以说，整个高铁调度体系是一个不可分割的有机体，各工种调度员各司其职、紧密联系、缺一不可。

【知识链接】高铁事故等级

依据《铁路交通事故应急救援和调查处理条例》（国务院令第501号）、《铁路交通事故调查处理规则》（原铁道部令第30号），高速铁路发生的铁路交通事故分为特别重大事故、重大事故、较大事故和一般事故四个等级。事故等级的认定依据为：事故导致的人员伤亡、直接经济损失、中断铁路行车，以及发生某些特定危害安全的情形。

① 特别重大事故。有下列情形之一的为特别重大事故：造成30人以上死亡，或者100人以上重伤（包括急性工业中毒，下同），或者1亿元以上直接经济损失的；繁忙干线旅客列车脱轨18辆以上并中断铁路行车48小时以上的；繁忙干线货物列车脱轨60辆以上并中断铁路行车48小时以上的。

② 重大事故。有下列情形之一的为重大事故：造成10人以上30人以下死亡，或者50人以上100人以下重伤，或者5 000万元以上1亿元以下直接经济损失的；旅客列车脱轨18辆以上的；货物列车脱轨60辆以上的；旅客列车脱轨2辆以上18辆以下，并中断繁忙干线铁路行车24小时以上或者中断其他线路铁路行车48小时以上的；货物列车脱轨6辆以上60辆以下，并中断繁忙干线铁路行车24小时以上或者中断其他线路铁路行车48小时以上的。

③ 较大事故。有下列情形之一的为较大事故：造成3人以上10人以下死亡，或者10人以上50人以下重伤，或者1 000万元以上5 000万元以下直接经济损失的；旅客列车脱轨2辆以上18辆以下的；货物列车脱轨6辆以上60辆以下的；中断繁忙干线铁路行车6小时以上的；中断其他线路铁路行车10小时以上的。

④ 一般事故。有下列情形之一的为一般事故：造成3人以下死亡，或者10人以下重伤，或者1 000万元以下直接经济损失的。

【知识链接】列车运行故障或事故相关的术语

铁路运输安全：铁路运输生产过程中，保证旅客的生命财产不受损伤，保持货物完整无缺的工作，是铁路运输服务的一项重要质量指标。中国铁路贯彻安全第一方针，制定了完善的规章制度，开展标准化活动，严格作业纪律，加强设备检修，不断采用新装备、新技术，以保证运输安全。

铁路行车事故：在铁路行车工作中，造成人员伤亡、设备损坏、影响正常行车或危及行车安全的事故，即铁路行车事故。其产生原因包括设备不良和作业人员违反规章制度、违反劳动纪律等。按事故的性质、损失及对行车造成影响不同，分为特别重大事故、重大事故、大事故、险性事故和一般事故；按发生事故时行车作业的内容不同，分为列车事故和调车事故。

旅客伤亡事故：铁路旅客持有效客票或免票乘车证自进站加剪后开始，至到达终点站缴销车票时为止，在这过程中所发生的伤害或死亡事件，即旅客伤亡事故。根据事故发生的原因，如系由铁路过失造成的事故，则属铁路责任事故；如由于旅客自身过失、自然灾害或其他不可抗力造成的事故，则属非铁路责任事故。根据事故后果，旅客伤亡事故可分为死亡、重伤、轻伤三类。

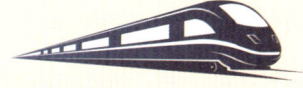

行李包裹事故：旅客在铁路车站托运的行李、包裹在运输过程中发生灭失或损坏的事故。行李包裹事故的分类有：①火灾、爆炸；②被盗（有被盗痕迹的）；③丢失（全部丢失或部分短少而无被盗痕迹的）；④损坏（破损、湿损、变形等）；⑤误交付；⑥误装卸造成的票货分离、票货不符；⑦其他（污染、腐坏等）。根据事故的性质和损失程度，行李包裹事故可分为重大事故、大事故和一般事故三个等级。

脱轨：轨道交通车辆的部分车轮或全部车轮脱离轨道的现象。脱轨时车辆不能沿轨道正常行驶，甚至造成事故。

车辆颠覆：由于车辆受到大的侧向风力，或者由于车辆通过曲线时超速引起的巨大的离心力，车体上承受巨大的横向力，只有一侧的车轮在钢轨上承受载荷，另一侧车轮被抬起，超过稳定极限时车轮发生的事故现象。

行车中断时间：由行车事故发生中断行车时起，至实际恢复行车条件时止的延续时间。

列车延误：由于种种因素的耽误，使列车运行迟于列车运行图或运输计划规定的时间到达目的地。

第八章

高铁旅客运输

一、高铁旅客运输组织

二、高铁旅客运输服务

随着我国高速铁路的大规模建设和网络化运营，铁路客运能力大幅提高，运输能力不再是铁路客运的限制因素，单纯以完成运输任务的生产型管理思想已经成为过去式，而以最大限度满足市场需求、为旅客提供高质量服务的服务型时代已经来临。

假如你站在高铁车站的候车大厅上方，向下俯视一块块由人群组成的方阵，在方阵的一端，旅客顺着电梯在源源不断地到达，在另一端的检票口又顺着电梯源源不断地下到站台，登乘高速列车开启自己的旅行。人流众多而不混乱，氛围热烈而不嘈杂，运行平稳且井然有序。以上海虹桥站为例，平均每隔70多秒就有一趟高速列车进出，每天发送和到达旅客近80万人，高峰时期超过100万人。那么，铁路部门是如何进行站务组织和乘务组织，以保障旅客出行的便捷与畅通呢？现在的高速铁路是如何组织车票销售？它对车票票额以及客票收益是如何进行管理的？它又是如何与其他方式进行联运的呢？本章将逐一回答这些问题。

一、高铁旅客运输组织

当我们计划出行,事先购好车票或者到站购票,都要大致经历如下过程:到达车站→取票或购票→实名制认证与安检→候车与检票→上车与乘车→下车与出站。可见旅客出行的整个过程,发生在两端车站和途中列车上,因此,高速铁路的客运组织包括了站务组织和乘务组织两部分,合称"站车组织"。

1. 高铁站务组织

高铁车站的主要作用是组织旅客安全乘降和迅速集散,及时告知旅客列车的到达、出发信息,为旅客提供舒适的候车环境和良好的文化生活服务,以保证旅客迅速方便地办理一切旅行手续,同时告知车站作业人员动车组出入段作业信息等。因此,高铁车站的工作组织水平与旅客运输效率和服务质量有着直接的关系。

以一名普通旅客的进站流线为例,高铁车站提供的站务组织如图 8.1 所示。

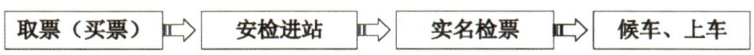

图 8.1 高铁车站进站旅客流线组织

(1) 实名制验证

依据国家《铁路安全管理条例》,旅客应当凭有效身份证件购票乘车,铁路运输企业应当按照国务院铁路行业监督管理部门的规定,实施火车票实名购买、查验制度,并有权拒绝车票所记载身份信息与所持身份证件或者真实身份不符的旅客进站乘车。高铁车站实名验证的设备和方式分述如下:

① 验证设备。实行全封闭实名制验证且验证与检票分离的车站,设置了验证口、复位口、制证口等实名制验证设施,在进、出口处对候车室区域形成封闭状态,并具备电源、通风、照明、网络等条件。

② 验证方式。旅客进站乘车时,车站工作人员对旅客及所持车票和票面所载的有效身份证件原件进行查验。

第一,对于票、证、人不一致的旅客,不得进站乘车;

第二,对于持减价优惠(待)票的旅客,需同时核对购票时使用的有效身份证件原件和符合优惠票规定的减价优惠(待)凭证;

第三,对于无法出示有效身份证件原件的旅客,应到车站铁路公安制证口办理临时身份证明后,方可进站乘车;

第四,对于经实名制系统验证后进入候车区域后又需要离开的旅客,应在复位口办理车票复位手续,待再进入候车区域时,重新进行实名验证。

随着人脸识别技术的成熟,许多高铁站都启用了人脸识别设备对旅客进行实名制验证。该技术是将扫描到的人脸和身份证照片进行对比,实现票、证、人的三统一,不仅可以缓解铁路企业人手紧张的局面,更是可以提高旅客进站速度。对于一般熟练使用人脸识别验证的旅客,2秒多就能进站,不太熟悉的5秒以内也能进站,如果对比相似度不到75%就需要人工验证,如图8.2所示。

图 8.2 从人工验证到人脸识别设备验证

(2)安全检查

依据国家《铁路安全管理条例》,铁路运输企业应当依照法律、行政法规和国务院铁路行业监督管理部门的规定,对旅客及其随身携带、托运的行李物品进行安全检查,并有权拒绝不接受安全检查的旅客进站乘车和托运行李物品。

旅客应当接受并配合铁路运输企业在车站、列车实施的安全检查，不得违法携带、夹带管制器具，不得违法携带、托运烟花爆竹、枪支弹药等危险物品或者其他违禁物品。高铁车站安全检查的设备及查获危险品后处置的方法如下：

① 安检人员及设备（图 8.3）。车站安检设备主要包括：安检仪、手持金属探测器、安全门、防爆毯、防爆罐等。安检岗位人员主要包括：引导员、视频监控员、人工手检员和处置员等。车站安检设备的设置应适应客流量和站场条件，保证秩序良好和通道顺畅。

图 8.3　高铁安检设施及工作人员

② 查获危险品处置。车站安检查危区域设置专用弃物箱，用于对旅客放弃物品的收置和暂存。对旅客声明放弃的携带品，由车站安检查危人员收集保管；对旅客提出暂时保存限制携带的物品，注明物品品名、数量、保存和领回期限等，旅客前来领取时，由安检人员负责发还；对应当收缴的爆炸、有毒、放射、腐蚀性等危险品和国家明令禁止携带的管制刀具等禁止性物品及携带者，由安检岗位公安民警依法处理。

列车发现旅客携带品可疑及无人认领的物品时，通知乘警、列车安全员或列车长到场，按规定对危险品做好登记、保管及现场处置，并交前方停车站（公安部门）处理。

（3）检票组织

高铁车站检票组织主要包括检票时间的设置，检票设备与人员的安排等，具体包括：根据列车信息及时发布检票信息、制定合理的检票时间，优化检票人员的轮班，使旅客候车、检票、上车过程衔接得更加流畅。

① 检票作业前。车站自动检票系统由集成管理平台获取检票车次、检票时间、候车室、检票口、检票闸机等信息，自动生成检票计划，并下发到相应的检票闸机。闸机检票车次、开始检票和停止检票指令会与综合显示和广播终端发布的信息相吻合。

② 检票组织中。车站会确保自动检票机通道和人工检票通道正常启用，通道数量适应客流需要，开始、停止检票时间的设置适应客流量和站场条件，进站口有提前停止检票时间的提示，开始检票或列车到站前，车站应通告车次、停靠站台等检票信息。如图 8.4 所示，为进站检票闸机分布。

图 8.4　进站检票闸机分布

③ 检票作业时。车站客运人员按照先重点、后团体、再一般的原则，引导旅客通过自动检票机和人工检票通道分别排队等候、检票进站。对持磁介质车票或中铁银通卡、二代居民

身份证直接乘车的旅客会引导使用检票闸机检票进站，工作人员会宣传自动检票机的使用方法，提醒旅客拿好车票或身份证，防止尾随。与此同时，人工检票口核验车票和其他乘车凭证，对车票进行加剪。另外，仅持有手机中互联网购票信息的旅客不得进站乘车。

④ 停止检票前。检票员通告候车室，确保无旅客漏乘；停止检票时，检票员关闭检票口，并通告候车室和站台检票结束。如遇系统故障检票闸机无法使用时，即采取人工检票方式。

（4）站台组织

车站站台组织主要包括旅客引导、岗位联控、站车交接、发车确认、站台清理等内容。

① 站车交接时（图8.5）。站台客运人员提前到岗，检查电梯状态是否良好，检查引导屏状态和显示内容、站台及股道情况是否正常可用；并巡视站台，清理闲杂人员，清除障碍物，防止旅客下站台、穿越线路和钻爬车底。办理站车交接时，短编组动车组列车站台客运人员在4、5号车厢之间，长编组动车组列车站台客运人员在8、9号车厢之间，重联动车组列车站台客运人员在列车运行方向前组动车组的第7、第8位车厢之间。

② 检票放客时。电梯口、楼梯口等关键部位安排人员安全宣传、引导防护，组织旅客按站台车厢位置标志在站台安全线或屏蔽门内排队等候，有序乘降。遇个别车厢上车旅客较多时，站台客运人员适当进行分流组织；遇同一站台有两趟列车同时进行乘降作业时，要进行宣传与引导，确保旅客不误乘。铃响时工作人员巡视站台，确认无漏乘旅客。

③ 列车开车前。列车开车前30秒，站台打响开车铃，铃声时长10秒。车站确认旅客乘降、有关作业（如上水、吸污，以及餐车物品、高铁快运的装卸）完毕后，使用无线对讲设备，通知列车长客运有关作业已经完毕。

图8.5（a） 接车人员根据作业标准智能控制系统在指定位置进行接车作业

图8.5（b） 站台客运组织场景

④ 迎送列车时。站台客运人员按规定位置立岗，足靠安全线，不侵入安全线外，面向列车方向目迎目送，以列车进入站台开始，开出站台为止。

⑤ 列车开出后。工作人员及时清理站台，做到一车一清，杜绝闲杂人员在站台停留。严格卡控站台巡视、列车到发等站台重点作业。

为确保站台组织工作的安全有序，须合理配置站台定员。对于大客流或节假日运输、恶劣天气等情况，以及有天桥、弯道影响视线的车站，均会适当增加站台作业人员。

（5）出站组织

车站的出站组织工作主要包括出站旅客验票、违章乘车旅客处理、出站厅清理等内容。

① 出站验票。出站客运员提前到岗，检查自动检票机、广播、电梯、照明以及出站显示屏状态和内容；待旅客出站时，在自动检票口引导持磁介质车票、居民身份证、中铁银通卡等旅客使用自动检票机验票出站。若发现无票，或"票、证、人"不符，或违章携带物品等情况，会实事求是、坚持原则，依法依规地进行处理。同时，区别不同的违章情况，妥善处理，不乱补乱罚，不擅自搜身，不扣压身份证件和物品。

② 其他相关工作。出站口客运员还会按出站口通道管理

要求，防止闲杂人员从出站口进入站内，并在旅客出站后及时清理站台和通道，确保无滞留人员。换乘客流大的车站，还会根据需要在旅客出站前设置站内换乘路线，配备相应的设备和引导标志。

③ 对无票乘车、拒不补票者的处置。按照国务院《征信管理条例》、国家发展和改革委员会等五部委《关于加强交通出行领域信用建设的指导意见》要求，为推进铁路信用体系建设，弘扬守信行为，规范铁路信用信息记录和使用管理，更好地维护铁路站车秩序，铁路总公司制定了《铁路旅客信用记录管理办法（试行）》。要求出站口客运员遇无票乘车、拒不补票的，严格按照规定及时处置，明确告知旅客处置依据以及补收运价、加收票款、纳入铁路旅客信用信息管理等后果，如实填写客运记录，载明旅客姓名、有效身份证证件类型及号码、住址、联系方式、乘车日期、车次、区间、失信行为、处理情况等信息。

2. 高速列车乘务组织

高速铁路动车组的乘务计划关系到列车能否按图行车，也直接影响活动设备利用率和乘务工作效率，从而影响经济效益。因此，乘务计划及乘务工作组织是高速铁路运输组织的重要环节之一。

一般情况下，铁路乘务计划是根据给定的列车运行计划、动车组交路计划、乘务计划、乘务基地条件等，考虑一定的优化目标（如总的乘务成本最小、需要的乘务员数量最少、乘务员工作强度的均衡性等），对乘务员（组）的出乘时间、地点、担当的乘务任务、时刻，退乘时间、地点等做出具体安排，以确保一定周期内的所有乘务任务被有序、合理地执行。

（1）乘务制度

动车组乘务制度是动车组乘务人员使用动车组的制度，分为包乘制、轮乘制以及相对固定的轮乘制。

① 包乘制。按照乘务担当计划，固定担当列车车次和车底，由几个乘务组包乘一组旅客列车。包乘制目前主要应用于我国既

有线列车，分为包车底和包车次两种形式。顾名思义，前者固定一组车底，有若干班组完成值乘任务；后者是固定车次，可能是一个车次也可能是若干车次，由若干班组共同完成这些固定车次的乘务担当任务。包乘制的优点主要体现以下几个方面：

第一，固定班组人员，便于车班日常管理，同时班组成员之间相互熟悉，工作比较默契。

第二，固定值乘车次，便于乘务员熟悉运行线路、运行时间、停站时间及沿途客流情况，在乘降安全组织方面有保证。

第三，固定的车班和人员担当值乘任务，乘务人员对于列车上的设备设施较为熟练，便于设备和备品的管理和使用，同时人员与车底建立了一一对应的关系，便于明确管理使用责任，对车底保养有利。

同时，也存在以下不足：

第一，车班人员组成结构相对固定，不便于横向调动和使用，降低乘务员的运用效率，增加了运营成本。

第二，车底的使用效率较低，造成列车资源的浪费。因实施包乘制的列车需考虑到乘务员的作息时间，需要在段内或者折返站停留休息待勤，故造成车底使用效率的降低。

第三，增加运营成本。如产生异地公寓住宿，突出表现在高铁动车组列车的长大交路，因列车数量多、始发终到站多，包乘制情况下将产生大量的外住公寓班组，造成乘务资源的浪费，也存在行车安全隐患和乘务员劳动安全隐患。对于既有线长途车配备宿营车，占用运力资源，增加了成本支出。

② 轮乘制。该乘务制是指不固定车底和车次，班组按出乘顺序，通过交接班的形式，轮流担当值乘，并且管内全程实行单班乘务。轮乘制一般适用于中、短途列车。乘务组按照乘务交路担当相应车次，完成相应的工时任务退乘时，通过合理安排交路在出勤地点与接班班组进行交接，原有车底继续担当其他车次任务。班组的交接，主要是在折返站（乘务基地）完成，在固定的时间段内完成交接工作。其优点主要有：

第一，班组与车底车次间没有固定关系，人员的调配相对灵活，可以提高工作效率。

第二，采用轮乘制的多为日间运行列车，乘务员白天值乘，夜间回到地面休息，休息的时间和质量可以得到保证，利于身体健康，可提升乘务人员的精神状态，建立良好的精神面貌。

第三，轮乘制破除了班组与车底的一一对应关系，通过换人不换车，提高了车底的运用效率。

第四，若为夜间运行列车则无需宿营车，利于扩大运能，节省劳力和财务支出。

但轮乘制也存在以下不足：

第一，班组不对车底直接负责，车底出现状况时，考核问责机制作用发挥不突出，车辆检修基本靠动车库内的静态检查，不能及时发现一些运行状态下的故障。

第二，班组人员的组合不再固定，六乘（列车员、保洁员、售货员、司机、机械师、乘警或安全员）之间的组合属于流动性组合，不利于班组的管理。

第三，相对于动车组列车，既有线列车交接事项较多，交接效率降低。大量的乘务备品也增加了乘务班组的劳动强度。

③ 相对固定的轮乘制。该乘务制是基于包乘制和轮乘制的优缺点而进行改良的一种新型值乘方式，可以将两种值乘方式结合起来，即"相对固定的轮乘制"，也叫"轮包结合制"。

具体是以轮乘制为基础，采取值乘的车次固定但是车底不固定的值乘模式，有一定的值乘周期。这种制度其本质属于轮乘制，只是相对来说更加固定，不受到车底运用的影响，由若干个班组承包固定几个车次，可以按照工时规定合理安排乘务员的作息时间，人员安排的灵活性较大。同时，由于车次与乘务组的相对固定，相当于实现了在一定周期内动车组车底有规律地循环，相当于是车底的相对固定，因此也同样具备了包乘制的优势。

（2）乘务人员和备品配置

① 人员配置。动车组列车在人员配置（不含司机、机械师、乘警）上的标准一般如表8.1所示。在商务座车厢，可以另外再增加1名专职列车员，以提高服务品质。

表8.1 动车组列车人员配置（单位：人）

列车编组	人员配置			
	列车长	列车员	保洁员	售餐员
小编组（8节）	1	2	2	2
大编组（16节）	1	4	4	3

② 备品配置。按照不同的车种，动车组列车在备品配置上的标准如下：

第一标准为商务座车，全商务座车厢应配置VIP服务小推车。部分席位为商务座的车厢应配备统一式样的托盘。商务座座椅配置头枕片、靠垫，旅行中为旅客提供小毛巾、耳塞、鞋套、一次性拖鞋，旅客就餐时提供餐巾纸、牙签。车厢应备有防寒毯、耳机、眼罩、托盘、热水瓶和一次性硬质塑料水杯等物品。

第二类标准为特、一、二等座车，座椅配有座椅套、头枕片，特、一等座车座椅有头枕。备有热水瓶、耳塞和一次性硬质塑料水杯。

第三类标准为餐车，有座椅套，有售货车、托盘、热水瓶、一次性硬质塑料水杯。备有餐巾纸和牙签。

（3）乘务作业

列车乘务作业包括始发前的库内保洁作业、运行途中作业、列车终到作业。

① 库内保洁作业。动车组列车进入动车所或存车线后，保洁人员对车体内进行全面的保洁作业（不包含驾驶室），作业流程一般分为有电作业和无电作业两个阶段。有电作业期间，保洁人员先对卫生间及洗脸间进行保洁作业；无电作业期

间主要对车厢、餐车等部位进行保洁作业。库内保洁作业应在列车出库前1小时前完成。作业期间，保洁人员的责任包括以下几方面：

第一，将车内地面、座椅网兜、垃圾桶内、行李架等部位的垃圾清理干净。

第二，将厕所、洗脸间的污水清理。

第三，擦抹车内板壁及玻璃和镜面、座椅小桌板，拖扫地板、连接处。

第四，备品、设备复位，将座椅、窗帘复位，将卫生纸、擦手纸、洗手液等摆放、补充到位。

② 运行途中作业。动车组列车运行途中，乘务工作的主要内容如下：

第一，查验车票作业。为需要办理延长、升舱、补票、挂失补的人员办理相关业务。

第二，广播、显示屏作业。通过广播及车内显示屏提示旅客到站信息，安全注意事项，旅行服务信息，等等。

第三，办理站车交接。对因旅客意外伤害、旅客越站、无票以及遗失物品交站等需要办理交接的事项与车站办理交接。

第四，做好车内环境秩序维持。通过定时巡视车厢，对车厢内、厕所内环境卫生及时进行整理和维护，对设备设施问题及时联系机械师修理，对危害正常运行秩序的行为及时进行制止或联系公安人员处置。

第五，做好列车供应工作。在供餐点为旅客提供可选择的餐食、饮品，提供给有需要的旅客。

③ 列车折返作业。动车组列车在折返站办理列车折返作业，乘务部分的主要工作内容如下：

第一，到站前3~5分钟，广播通报站名，提醒旅客提前做好下车准备。

第二，列车到站后，组织旅客下车，在规定交接位置与车站客运值班员（客运员）以及本列车下一乘务组办理业务和重

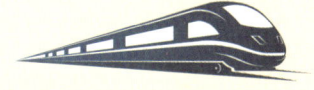

点事项交接。

第三，巡视车厢，检查有无旅客遗失物品或其他特殊情况，旅客遗失物品及时交车站处理。确认旅客全部下车，上水、吸污作业完毕，商品、备品装卸完毕后通知司机关闭车门。

第四，折返作业完毕后，乘务组组织乘客上车，列车按图定时间重新始发。

④ 列车终到作业。动车组列车到达终点站后办理终到作业，列车往往不再继续运行，需要入库准备与检修，乘务组的主要乘务工作内容如下（部分内容与列车折返作业类似）：

第一，到站前3～5分钟，广播通报站名，提醒旅客提前做好下车准备。

第二，列车到站后，帮助重点旅客下车，在规定交接位置与车站客运值班员（客运员）办理业务和重点事项交接。

第三，巡视车厢，检查有无旅客遗失物品或其他特殊情况，旅客遗失物品及时交车站处理。

第四，组织乘务组召开退乘会，点评当趟列车工作，填写《客运乘务工作日志》。

第五，确认旅客全部下车，上水、吸污作业完毕，商品、备品卸车完毕后通知司机关闭车门。

第六，乘务组列队退乘，票据现金交相关解款点。

二、高铁旅客运输服务

1. 高铁车站客运服务
（1）车站基本服务

车站客运服务要满足旅客在站内的基本需求，包括购票取票（详见第三章）、候车、问询、乘降等。同时，对一些重点旅客，车站工作人员需提供主动服务、联程服务，实行首帮负责制；接受旅客投诉，主动化解旅客矛盾，实行首诉负责制。

① 候车服务。候车区域内配备一定数量的座椅，保障旅客在候车期间的休息（图8.6）。另外，在休息区附近设置卫生间和饮水处，卫生间内有通风换气和洗手池、干手器等盥洗设备，厕位间内设置挂钩；饮水处配备电开水器，有加热、保温标志，水质符合国家标准要求，能同时保证冷热直饮水的供应（图8.7）。

在高铁特大、大型车站的候车区域内，可向旅客提供银行自助取款机服务、无线互联网接入服务，以及移动设备充电服务。另外，也可向商务座旅客提供独立的贵宾候车区。

② 问讯服务。问讯处包括旅客咨询服务台、遗失物品招领处，以及旅行综合服务处，车站内设置醒目标志指示各服务窗口的位置（图8.8）。

图8.6　候车座椅

图8.7　直饮水取水机

图8.8（a）　问讯处

图8.8（b）　旅客综合服务中心

旅客咨询服务台主要针对旅客在车站内遇到的问题提供帮助，保障旅客在车站内购票、取票、候车、检票等活动的顺利进行；遗失物品招领处主要服务于车站内遗失物品或拾到陌生物品的旅客，旅客在站内遗失物品时，帮助（或广播）查找，收到旅客遗失物品及时登记、公告等。

③ 乘降服务。乘降服务内容广泛，不仅仅是指简单地上下车，还包括检票进站（站台）、进站走行（通道与站台上）、对号（车厢号）上车以及到站下车、出站走行（站台与通道上）、验票出站等流程环节提供的客运服务。其中，进出站流程要求按"路线短、交叉少"的流线进行组织，特殊情况下可以组织旅客快速进出站；检查旅客车票是否满足票面指定的乘车日期、车次、车别、座（铺）别等乘车条件。此外，乘降服务还涉及无障碍电梯和自动扶梯等乘降设备，需要确保设备的安全，进行定期检修。

（2）车站重点旅客服务

《铁路旅客运输管理规则》规定："重点旅客"系指老、幼、病、残、孕旅客，具体指老年旅客（70岁以上）、免费乘车儿童（含婴、幼儿）及陪同旅行的成年旅客、患有疾病旅客、残疾人旅客、孕妇以及其他在旅行中需要重点照顾的旅客。因此，铁路需要对重点旅客进行重点关注，优先照顾，按规范设置相关的无障碍设施设备。这些重点服务有：

① 在售票厅设无障碍售票窗口；

② 在特大、大型车站候车室设重点旅客候车室和特殊重点旅客服务点（可与问讯处、服务台等合设），位置醒目、便于寻找，并配备轮椅、担架等辅助器具；

③ 在地市级以上的车站候车区设置相对封闭的哺乳区；

④ 在检票口附近等方便的区域设置黄色标志的重点旅客候车专座；

⑤ 站内设置无障碍厕所和无障碍电梯，保证正常使用，有条件时需设置盲道，保证畅通无障碍。

凡为重点旅客服务的场所，应设立规范、明显的标志，如重点旅客优先购票、优先进站、优先检票上车等。

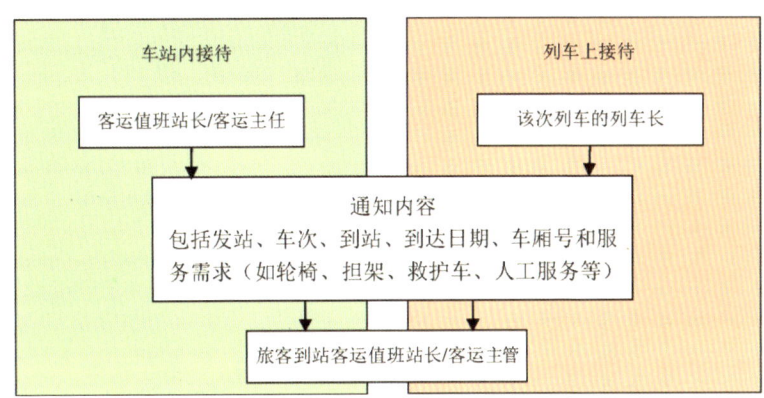

图 8.9　站车间特殊重点旅客服务信息通报的办理程序

根据需求为特殊重点旅客提供帮助时，必须有服务，有交接，有通报。如图 8.9 所示流程展示了站车间特殊重点旅客服务信息通报的办理程序，即：车站发现特殊重点旅客，必须主动询问，主动提供服务，送上车时，应与列车长办理交接；列车对车站交接和列车上发现的特殊重点旅客要做好重点服务，并与到站办理交接。

（3）车站其他延伸服务

① 车站商业服务。站内的商业服务须结合旅客消费习惯，满足不同层次旅客消费需求，形成功能完善、品种多样的服务体系，经营业态包括：

超市、便利店、书店、专卖店、名品店等零售服务；

中西式快餐店、餐厅、咖啡店、茶吧等餐饮服务；

银行（含 ATM 机）、邮局、电信服务厅、旅游咨询、酒店等商旅服务；

行李寄存与搬运服务、停车场等便民服务；

VIP 服务、福利彩票等休闲服务；

车站视频广告、平面广告、实体广告和品牌体验店等广告服务。

站内商业场所的设置需要符合相应的规定：

第一，设置位置、面积、业态布局统一规划，不占用旅客候车空间，不影响旅客站内流线，不遮挡旅客服务信息；

第二，使用统一标志、统一服务内容及统一服务标准；

第三，站内广告设置位置、面积、形式布局统一规划，广告设施安全牢固，形式规范，内容健康，与车站环境相协调。

② 车站信息服务。根据各服务处所和服务设备设施的功能、用途设置揭示揭挂，采取电子显示屏、公告栏等方式公布规章文电摘抄、旅客乘车安全须知、客运杂费收费标准、列车运行信息等服务信息。如图8.10所示的站内指示牌，可在车站内用于指引站内及站外周边设施的位置。车站各处具体的信息设置如下：

第一，售票处、候车区（室）、出站检票处和补票处设有儿童标高线；

图8.10 高铁车站站内指示牌

第二，售票处、候车区、站台有时钟，显示时间准确；

第三，特大、大型车站进站大厅（集散厅）设置进站显示屏，显示车次、始发站、开车时刻、候车区（检票口）、状态等发车信息；

第四，候车区内设置候车引导屏，显示车次、始发站、开车时刻、站台、状态等信息；

第五，天桥、地道内设置进、出站通道屏，显示当前到发列车车次、始发站、终到站、站台、到开时刻、列车编组前后顺位等信息；

第六，站台设置站台屏，显示当前车次、始发站、终到站、实际开点（终到站为到点）、列车编组前后顺位、引导提示等信息；

第七，出站口外侧设置出站屏，显示到达车次、始发站、到达时刻、站台、状态等信息；

第八，售票处、候车区可设置自助查询终端，显示车站概况、列车时刻等信息。

2．高速列车客运服务

（1）列车餐饮服务

高速动车组列车一般编挂了餐车，内设餐饮吧台、售货柜台、站立用餐桌、单盆水槽及热水器、冷藏柜、陈列柜、微波炉、储藏柜等设施，提供全面的餐饮服务。如图8.11（a）所示，旅客正观赏餐车作业。餐饮服务人员不仅在餐车零售各类食品、饮料，也会通过手推车将物品送到旅客座位，如图8.11（b）所示。

餐车销售的饮食品必须符合国家有关规定，确保质价相符，明码标价，一货一签，并提供发票。在动车组列车上，不能出售口香糖、方便面等严重影响列车环境卫生的食品；对于超过保质期限的食品，应单独存放、回收销毁。

餐车实行不间断营业，并提供订、送餐服务。销售人员不在车内高声叫卖、危险演示，销售过程中主动避让旅客。夜间

图 8.11（a） 旅客观赏餐车作业　　　图 8.11（b）　高铁列车上的餐饮吧台及餐车服务

运行时，不得进入卧车销售，座车可根据情况适当延长或提前销售时间，但不得超过 1 小时。

随着"互联网+"时代的到来，"智慧铁路"正越来越受到旅客的欢迎。以前，百姓买票得彻夜排队，现在"动动指尖"除了可以快捷购票外，还可进一步拓展到网上订餐，旅客可以在发站、途中站收到网上预订的套餐，十分方便。

高铁网络订餐是铁路部门供给侧改革的措施之一，目的在于提升服务水平，满足广大旅客的多元化需求，让旅客在运行途中不仅享受美景更享受美食，收获美好的乘车体验。为使餐车服务水平不断提升，铁路开放了列车餐饮市场，让社会品牌参与其中，使餐车饮食结构更加丰富多样。

（2）列车信息服务

动车组列车通过广播及车内显示屏（图 8.12）提示旅客到站信息、安全注意事项、旅行服务信息等内容。

另外，动车组列车还提供《服务指南》，主要包含旅行须知、安全须知、设备设施介绍、专项服务等内容，为旅客提供必要的旅行信息。

列车车厢内对铁路 12306 手机客户端和微信公众号二维码进行了公告，旅客可以通过扫码安装相关 APP 或关注微信公众号，获取需要的咨询。

图 8.12 高速列车车厢内的信息显示屏

（3）列车补票服务

列车运行途中列车员通过查验车票作业以及根据旅客的申明，为旅客办理延长、升舱、补票、挂失补等相关业务。

无票人员、非该次列车旅客经车站同意进站上车者，以及未及时在到站下车的旅客，可及时告知列车乘务人员，由乘务人员按规定办理相关票务业务，避免对行程造成影响。

在网络条件良好且运能允许的情况下，列车工作人员可通过联网补票机设备为旅客办理有座（铺）的补票业务。在网络及运能不允许的情况下，只能办理无座补票业务或无法办理补票业务。

（4）列车重点旅客服务

列车运行途中，乘务员遇有重点旅客上车，应及时提供帮助，协助搬运行李，并做好引导，对重点旅客做到"三知三有"，即知座席、知到站、知困难，有登记、有服务、有交接。为有需求的重点旅客提供送水服务。列车到站前，乘务人员应为有需求的特殊重点旅客，联系到站提供担架、轮椅等辅助器具，及时办理站车交接。

另外，动车组列车都专门设置了一个无障碍厕所，可以供有需要的旅客使用。此外，部分车型还设置了多功能室，用于照顾部分重点旅客。

3. 12306客运服务

只要你登录过12306网站（图8.13），通过网络订购过高铁车票，你对12306这串数字就不会陌生。除了登录全国铁路客户服务中心网站（12306.com）外，也可以拨打电话"12306"（铁路总公司将全国铁路客户服务中心的电话统一为"12306"），查询车次、时刻、票价、余票等信息。因此，"12306"这串数字的背后实质就是中国铁路客户服务中心（以下简称"客服中心"）。

12306网站购票业务于2011年6月12日投入使用，当日5:00开始售票。2011年12月24日起，以"C""D""G""Z""T""K""L""A""Y"开头的车次，以及1000～7598车次范围的旅客列车，都可以采用网络订票。

作为客户服务的主要窗口和营销平台，12306客服中心是铁路总公司与全国人民沟通的纽带。以前，购买火车票的方式只能是亲自到车站售票口或代售点排队购票，而12306客服中心和网站的出现，购票变得方便、快捷，已成为现在主流的购票方式。

12306网站集成了全路客货运输信息，为社会和铁路客户提供客货运输业务和公共信息查询服务。通过登录该网站，可以办理的客运服务包括预定车票、查询列车时刻表、票价、列车正晚点、车票余票、售票代售点等；行包服务包括办理结

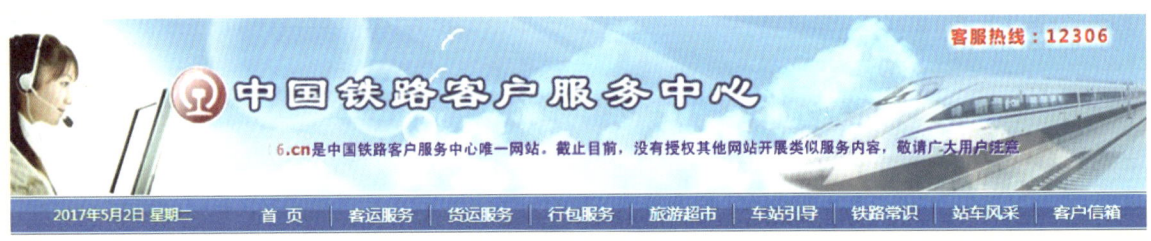

图8.13　中国铁路客户服务中心网站（12306网站）旧版首页

图 8.14 高铁管家软件界面　　　　图 8.15 携程手机 APP 火车票预定界面

构、办理流程、业务相关；货运服务则可查询货运业务办理流程、货运营业办理站点、货物运价、车辆技术参数以及有关货运规章。

客服中心除了在 12306 官方网站上为客户提供查询、预定车票服务，还与高铁管家（图 8.14）、携程（图 8.15）等票务服务软件共享信息。在下载了此类智能手机软件后，也可实时查询全国铁路列车时刻信息、车票价格，支持在线购买、退票和改签、收藏常用车次等功能。

12306 客服中心作为铁路集团公司的附属机构，隶属客运处管理，承担铁路集团公司管辖范围内的铁路客户服务业务：

① 通过铁路客户服务电话、互联网（12306 网站、微信公众平台、手机 APP、电子邮件）、信函等方式，受理客户投诉、表扬、建议、咨询、求助、延伸服务等。

② 对客运站段（公司）进行业务指导、协调。

③ 完成铁路总公司、北京客服中心及铁路集团公司交办的具体事项。

在当今竞争日益激烈的运输市场，向客户提供优质服务已经成为铁路运输企业发展客户、确立竞争优势的重要手段,现如今客服中心正在发挥着愈来愈重要的作用。如果您在预定、购买车票或乘坐过程中有什么意见、建议或想法,都可以通过12306客服中心这个平台反映,客服中心有相对应的反馈机制和规章流程回应大家的需求和想法,努力做到不断进步和完善。

【知识链接】揭秘12306客服热线

近些年,越来越多的人通过12306网购预定火车票。在12306平台的背后,有一个庞大的客服群体,正是他们凭借一根根的电话线,默默架起了旅客出行的信息桥。

在售票高峰,尤其在"春运"期间,接线人员每天要说无数遍"您好",每人每天工作至少要10小时以上。他们每个人都配了一只大型号水壶,为的就是省出离开工位打水的时间,尽可能多地接听旅客电话。工作时抢时间,午休吃饭也是一个技术活:为了保证不耽误旅客电话接听,吃饭时都是轮流去,但不论先后,每个人就只有15分钟的时间,之后要立即回到岗位继续工作。

为了更好地和旅客沟通、减少摩擦,12306的每名上岗人员,都经过了从沟通能力到专业知识的严格培训,可以说,人人都是多面手。为了把客服工作专业化、标准化,铁路公司出版了《铁路客户服务业务》教材进行培训(图8.16),其中涵盖了情绪管理、压力缓解、语言沟通诸多方面。每个月客服中心都要实行检测考试,有几千道题题库,每月一次全员机考。如果不及格,必须补考直至及格。

除了沟通能力,要想成为一名优秀的客服,对于各条铁路线的熟悉,更是必不可少。其中,默画铁路线路图就是一项基本功(图8.16),要通过每天的训练熟记在脑子里。当旅客咨询在哪个站、需要什么帮助,客服人员需马上知道这个站在哪条线、属于哪个铁路集团公司,尽快在第一时间帮到旅客。

 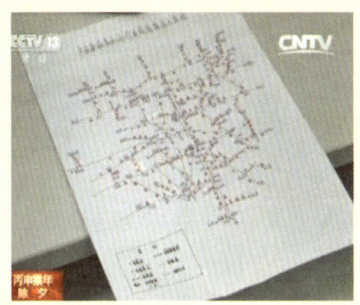

图 8.16　培训教材和铁路线路图

假如旅客行走不便，可享受 12306 客服中心提供的预约进站服务，若符合重点旅客标准，无论在哪里拨打 12306 客服电话，都可以预定全国的优先进站、出站服务。在上下车的过程中，站台工作人员也会与列车长交接，实现"全闭环"服务。此外，如果旅客需要辅助器具，如轮椅、担架，甚至需要有人引导，12306 客服中心也会联系到车站，在现有设备设施和功能上，尽最大能力去帮助旅客。

【知识链接】动车司机与高铁"动姐"

经常乘坐高铁出行的旅客，想必对动车司机和高铁动姐不陌生，下面就对他们的工作内容作一介绍。

➢ 动车司机

由于动车组配备有先进的自动控制系统、列车信息诊断系统以及可保持"定速运行"的恒速装置等电子设备，具有速度快、技术含量高、操控难度大等特点，从而要求动车司机必须具备电子、电器、计算机等方面的知识与技能。与传统的内燃、电力机车司机相比，动车司机承担着全列设备的操作和监控，驾驶技术和职责范围都发生了变化。

动车司机的工作内容主要包括：

（1）使用列车信息控制系统和各种通信设备，根据仪表及屏幕显示信息，合理驾驶高速列车，确保动车组列车安全平稳、正点运行。

图 8.17 动车司机在指导驾驶列车运行

（2）除了线路上的运行，动车组列车到站后进行换端或换乘操作，也就是更换另外一头驾驶室或者驾驶另外一趟列车；同型动车组的连挂与解编，即将单组 8 辆编组的列车重联为 16 辆编组的列车，或者将重联列车拆分为单组列车。

（3）根据显示器显示的故障信息，按照动车组应急故障处理办法，对动车组运行途中发生的故障进行处理；按照动车组非正常行车预案内容，处理好动车组救援、区间接触网停电、受电弓故障、恶劣天气状况下行车等非正常情况；发生行车事故后，按有关规定及时处理。

> 高铁"动姐"

"动姐"是中国高速铁路动车组列车上为旅客服务的女性乘务员，也可以称呼她们为"高姐"。

"动姐"作为高速列车乘务人员，是铁路客运服务的重要组成部分，直接反映了铁路客运的整体服务态度和服务质量，对于在客运市场竞争中扩大市场份额、赢得更多旅客的青睐，起着非常重要的作用。因此，"动姐"的选拔标准也相当严格。

① 身高方面，身高要求 1.65～1.70 米之间，体重要求不

图 8.18　高铁"动姐"在列车上值乘

能超过 60 公斤。

② 年龄方面，一般不能超过 28 岁，乘务员年龄基本上在 18～22 岁之间。年龄稍大一些的都是骨干、车长，需要有一定的经验。

③ 形体方面，要求肢体优美和大度，微笑真诚（培训时每一位"动姐"嘴巴上都得咬一根筷子，露出 8 颗牙齿的微笑才算标准）。

④ 学历方面，要求具有大专以上学历，会说常用外语。

⑤ 业务方面，要求熟练掌握列车员业务知识。

"动姐"的工作内容主要包括：①组织旅客上、下车，检验票证、通报到站；②整理车厢旅客行李，巡视车厢，维持秩序；③办理旅客补票及旅行变更手续；④填写单据报表，请领票据，保管票款等。

参考文献

[1] 钱立新.世界高速铁路技术[M].北京：中国铁道出版社，2003.
[2] 徐瑞华，张国宝，徐行方.轨道交通系统行车组织[M].北京：中国铁道出版社，2008.
[3] 李学伟.高速铁路概论[M].北京：中国铁道出版社，2009.
[4] 赵鹏.高速铁路运营组织[M].北京：中国铁道出版社，2009.
[5] 彭其渊.高速铁路调度指挥[M].北京：中国铁道出版社，2009.
[6] 贾利民.高速铁路安全保障技术[M].北京：中国铁道出版社，2009.
[7] 贾俊芳.高速铁路客运服务[M].北京：中国铁道出版社，2009.
[8] 王甦男，贾俊芳.旅客运输[M].北京：中国铁道出版社，2010.
[9] 赵峻.高速铁路开通准备与运营管理[M].北京：中国铁道出版社，2015.
[10] 史冬雪.国际案例：国外轨道交通事故与处理[J].世界轨道交通，2011（8）：38—39.

后 记

作为"中国高铁"丛书的分册之一，本书重点介绍了高速铁路是如何实现运营组织与管理的。本书可供广大乘坐高铁、关注高铁、研究高铁以及服务高铁的人员参考，有助于读者更好地全面认知和系统把握高铁的运营组织与管理。

本书共有8个章节，首先在第1章《高铁运营组织与管理概貌》中列举了高速铁路运营组织与管理的现状、内涵及模式，其余7章分别着墨于高速铁路运输产品设计、客票销售、列车运行图编制、列车运行与调度指挥、运营安全风险管理、运营安全保障以及旅客运输，比较完整地介绍了高速铁路运营组织与管理的具体内容，包括客运产品设计与优化、运营安全风险与保障、客票销售与收益管理、运输组织指挥与协调、客运服务管理与创新等。

本书的编写团队由中国铁路上海局集团有限公司与同济大学共同组成，书中除了严谨的理论基础，更有丰富的铁路运营实践。本书由同济大学交通运输工程学院徐行方教授、同济大学《城市轨道交通研究》杂志社蒲琪社长、同济大学交通运输工程学院博士研究生汤莲花主笔。原上海铁路局主管运营的赵峻副局长，上海铁路局运输处的唐强、曲思源、施俊泉，客运处的杨励民、鲁熹禧、谢向阳，调度所的郭骁，电务处、车辆处等部门的领导及工程技术人员，以及同济大学徐行方教授课题组的研究生共同编写。参与编写的研究生主要有硕士研究生仇婉约、关禹、曹崇阁、陈嘉伟、彭秀秀等。

限于作者水平，书中难免存在疏漏，不当之处敬请读者批评指正。

作者

2018年9月28日